SCHLUSS – MIT LUSTIG

CPI
Mehr Bäume. Weniger CO_2.
www.cpi-print.de/umwelt

FSC
www.fsc.org
MIX
Papier aus verantwortungsvollen Quellen
FSC® C083411

Patrick Budgen:
Schluss – mit lustig

www.edition-a.at

Cover: Bastian Welzer
Satz und Illustrationen:
Anna-Mariya Rakhmankina
Lektorat: Andrea Wendl

Die Namen der beteiligten Personen wurden
aus Datenschutzgründen geändert.

Gesetzt in der Premiera
Gedruckt in Deutschland

1 2 3 4 5 — 25 24 23 22

ISBN: 978-3-99001-626-8

Patrick Budgen

SCHLUSS MIT LUSTIG!

Wahre Wiener Begräbnisgeschichten

edition a

Inhalt

Vorwort

»Seine Aufgabe ist unsterblich, seine Kunden sind es nicht.« Mit diesem Satz begann ich mein Porträt über Peter Holeczek für unsere Allerheiligensendung von »Wien heute« im Jahr 2010. Zum Glück nicht auf seinem letzten Weg, sondern auf dem Weg durch seinen Arbeitstag am Zentralfriedhof begleitete ich damals einen Mann, für den der Tod seit langem allgegenwärtig ist. Holeczek ist seit 1994 bei der Wiener Bestattung, leitet die Kundenservicezentrale und gilt in der Branche als »Promi-Bestatter«. Udo Jürgens, Peter Alexander, Elizabeth T. Spira, Niki Lauda, Fritz Muliar, Johanna Dohnal, Helmut Zilk, ... Die Liste seiner Kundinnen und Kunden ist lang und liest sich wie das Who is Who der heimischen Kultur- und Politikszene. Aber auch im wahrsten Sinne des Wortes Normalsterbliche zählen zur Klientel des gelernten Maschinenschlossers. Trotz beruflich bedingt ernster Miene steckt in dem heute 61-jährigen Wiener viel schwarzer Humor. Das war mir schon bei unserem ersten Treffen klar, als mir Peter fast nebenbei die unglaublichsten Geschichten aus seinem Alltag erzählte. Jedes Mal, wenn wir uns bei einem neuen Begräbnis sahen, das er organisierte und von dem ich berichtete, kamen neue Bonmots dazu.

»Irgendwann sollten wir ein Buch daraus machen«, sagte ich damals lapidar zu ihm.

»Das ist zu heikel. Das können wir erst machen, wenn ich in Pension gehe«, war seine Antwort darauf. Im Laufe der Jahre sprachen wir immer wieder darüber. Er erzählte mir neue Geschichten und ich notierte mir die ein oder andere. Als sein Ruhestand langsam in greifbare Nähe rückte (bis Ende 2023 hat er noch), wurden die Pläne für unser Buch allmählich konkret. Wir holten die Genehmigung seines Arbeitgebers ein und machten uns an die Arbeit. Als mir Peter nach und nach die skurrilsten Geschichten schrieb und erzählte, blieb mir immer öfter der Mund offen. Ich konnte kaum glauben, was sich rund um Trauerfeiern und Begräbnisse alles abspielt.

Peter befragte auch seine erfahrenen Kolleginnen und Kollegen zu deren Erlebnissen und ich recherchierte bei zahlreichen privaten Wiener Bestattungsunternehmen. Das Ergebnis, das wirklich zum Totlachen ist, haben Sie, liebe Leserinnen und Leser, nun vor sich. 71 Kurzgeschichten (wie die legendäre Straßenbahnlinie 71, die zum Zentralfriedhof fährt), die zeigen, dass es auch am Lebensende ordentlich menschelt. Und dass die Menschen, die sich um unseren Abschied kümmern, ihren Humor zum Glück nicht begraben haben.

Ich wünsche Ihnen viel Vergnügen beim Lesen!

Patrick Budgen

Partyboot

Unscheinbar war sein zweiter Vorname. Denn Peter war das Paradebeispiel für einen angepassten Mann. Zumindest in seinem Job.

Täglich kam er in einem schlecht geschnittenen, (meist) grauen Anzug ins Büro eines großen Spitalsbetreibers, wo er seit zwanzig Jahren als Chef-Bilanzbuchhalter arbeitete. Seine wenigen Haare über die Glatze gekämmt, stets bleich wie ein Grottenolm und dabei sehr wortkarg – so kannten ihn seine Kolleginnen und Kollegen.

Von seiner privaten Leidenschaft ahnten sie nichts: Denn Peter war ein Raver. Er liebte das Pulsieren der lauten Elektromusik, zu der er wie wildgeworden nächtelang tanzen konnte. Für Außenstehende musste es aussehen wie ein epileptischer Anfall. Doch auf den Partys, die teilweise in aufgelassenen Fabrikhallen oder ehemaligen Bunkern stattfanden, waren ohnehin nur Gleichgesinnte.

Jahrelang hatte Peter gebraucht, bis er den »Melbourne Shuffle« richtig draufhatte. Nun beherrschte der 39-Jährige diesen Tanzstil besser als seine Vorbilder auf Youtube, zu deren Videos er stundenlang trainiert hatte.

Mia, Fabian und Jakob waren Peters Raverfreunde. Gemeinsam reisten sie an die entlegensten Orte, sogar bis nach Brasilien, um an den angesagtesten Raves teilzunehmen. Es war in Rio, als Peter auf der Tanzfläche ausrutschte und noch kurz zuckte, als ob es zu seinen »Moves« gehören würde. Doch es sollte sein letzter Rave sein.

Zu Hause angekommen mussten seine Freunde (zu seiner Familie hatte er keinen Kontakt mehr) das Begräbnis für ihren Party-Peter organisieren. Weil er nahe der Donau gewohnt und das Wasser geliebt hatte, entschieden sie sich für eine Donaubestattung.

Bei der Vorbesprechung beim Bestatter schwärmten Mia und die anderen von Peters Tanzkünsten und seiner Liebe zur Musik. Sehr zur Verwunderung der routinierten Mitarbeiterin wurde aber weder eine Musikanlage noch eine Band gebucht. Es sollte alles in einem sehr kleinen Rahmen und möglichst schlicht sein, beteuerten Peters Freunde.

Am Tag der letzten Reise waren die wenigen Trauergäste vollbepackt von oben bis unten. Fabian hatte eine riesige Box unter seinem Arm, Mias Unterarme waren vor lauter Kabel nicht zu sehen und Jakob hatte in seiner Sporttasche eine Nebelmaschine mit. Wortlos betraten sie das Deck des kleinen Schiffes und bauten rund um Peters Urne ihr Equipment auf. Als sie ablegten, drückte Mia auf den Play-Knopf und es ertönte plötzlich ohrenbetäubende Technomusik aus der mitgebrachten Soundanlage. Eine Bestattung mit Bass.

Während die anwesenden Arrangeure aus dem Staunen gar nicht mehr herauskamen, verwandelte sich die Trauerfeier zu einem richtigen Rave. Die Köpfe wurden wie wild geschüttelt, die Hüften kreisten und Arme und Hände bewegten sich zum schnellen Takt in der Luft. Als das kleine Bestattungsboot stoppte, um Peters Asche ins Wasser zu lassen, pausierte die Partygemeinschaft die Musik und hielt kurz inne.

Wie bei Donaubestattungen üblich, bekamen sie eine Urkunde mit Peters letzten Flusskoordinaten und einen maritim geschmückten Kranz überreicht. Kurz danach ging die Party weiter. Währenddessen begann Peters Öko-Urne, sich langsam aufzulösen. Sie war aus einem speziellen Material, das keine Rückstände im Wasser hinterlässt. Farblos, wie Peters Eindruck im Büro.

Bildschön

Der neue, rosarote Frotteebademantel kratzte etwas auf ihrer empfindlichen Haut, als sie in der weitläufigen Garderobe den Stoffgürtel vorn zuknotete. Brigitte hatte ihn extra für das Wellness-Wochenende mit ihren Mädels bestellt.

Ihre »Mädels« waren allesamt über siebzig Jahre alt und seit Jahrzehnten die besten Freundinnen der pensionierten Friseurin.

Für ihren Kurztrip hatte die Weiberrunde, wie sie sich selbst nannten, eine spezielle Therme ausgesucht. Ein Ressort, zu dem nur Frauen Zutritt hatten. Männer, und damit auch viele Sorgen und Probleme von Gitti und den anderen, mussten draußen bleiben.

Brigitte war zum vierten Mal geschieden und wollte die neu gewonnene Freiheit feiern. Schon zum Frühstück gab es für die für ihr Alter noch immer sehr attraktiven Frauen zwei Flaschen Prosecco, danach wurde am Liegestuhl durch bunte Magazine geblättert und über Promi-Männer gelästert (vor allem über deren Figur), bevor es gemeinsam zum Nägel-Machen im hauseigenen Beautysalon ging. Brigitte hatte ein knalliges Orange ausgesucht, mit dem die junge, ungarische Nageldesignerin ihre langen Krallen bepinselte.

Als sie das fertige Werk beäugte, stieg eine innere Zufriedenheit in ihr auf. Brigitte fühlte sich so schön wie schon lang nicht mehr und das gab ihr zusätzliche Motivation für den nächsten Tag. Denn da stand der eigentliche Grund für den Ausflug in das Wellness-Refugium bevor.

Bildschön

Obwohl sie das Langschläferfrühstück gebucht hatte, stellte Gitti den Wecker. Um 7.30 Uhr vibrierte ihr Handy und gab sanfte Harfenklänge von sich. Zwei Stunden hatte Gitti eingeplant, um sich herzurichten.

Sie steckte mit viel Können die vorgeheizten Heißwickler in ihr Haar, legte ein dramatisches Abend-Make-up auf (die Fortbildung hatte sich ausgezahlt) und versuchte, sich zwischen den beiden Kleidern zu entscheiden, die sie von zu Hause in einem eigenen Kleidersack mitgenommen hatte. Die Wahl fiel auf das schwarze Paillettenkleid mit dem tiefen Ausschnitt. Die Farbe schien ihr dem Anlass entsprechend die passende zu sein.

Kurz nach halb zehn klopften Brigittes Freundinnen wie ausgemacht an die Zimmertür. »Toll siehst du aus«, sagten sie übereinstimmend und bewundernd. Die vier Frauen gingen gemeinsam in die großzügige Lobby des Ressorts, wo ein großer, roter, satinbezogener Couchsessel stand. Ihn hatten die Frauen als Kulisse ausgesucht. Brigitte nahm Platz, überschlug die Beine und setzte ihr schönstes Lächeln auf. Vanessa stand schon mit der Digitalkamera ihres verstorbenen Mannes bereit und drückte ab.

Einmal. Zweimal. Dreimal.

Nach etwa zwanzig Minuten hatte sie hunderte Fotos von Brigitte geschossen. Bei zahlreichen Gläsern Prosecco und Martini gustierten die Frauen und sahen sich ein Bild nach dem anderen auf dem kleinen Bildschirm der Kamera an.

Da war es. Das perfekte Foto, auf dem Brigitte lasziv und etwas verträumt dreinschaute, wie Brigitte Bardot in Höchstform. Dieses Bild würde alle ihre Ex-Männer bereuen lassen, sie mit Sekretärinnen und Studentinnen betrogen zu haben.

Das Foto für ihren Partezettel war im Kasten.

Il Silenzio

Relativ still ist es bei Begräbnissen meistens. Das liegt wohl in der Natur der Sache. Bei dieser Trauerfeier war die Totenstille aber besonders eindrucksvoll. Es war ein kalter Wintertag, minus zehn Grad, und der Schnee hatte die meist dunklen Granitplatten und Grabsteine in eine schaurigschöne, weiße Decke gepackt.

Margarete hatte den Winter und die Kälte gehasst. Gut, dass sie eingeäschert in ihrer Urne davon nichts mehr mitbekam. Die ewig alleingebliebene Querflötenspielerin eines großen Orchesters war ein Sommerkind gewesen. Sie hatte das Meer und den Sand gemocht. Und die Ruhe. Auf ihren Urlaubsplänen waren deshalb auch ausschließlich Adults-only-Hotels gestanden. Kinderlos sein musste schließlich auch seine Vorteile haben.

Passend zum Ruhebedürfnis der Bläserin hatten ihre Musikerkollegen das Stück für ihren Abschied ausgesucht. »Silenzio« sollte es sein, eines der meistverkauften Instrumentalstücke der Welt. Hauptsächlich gespielt in jeder Militärbasis in den USA und auf jedem Friedhof von Wien.

Gustav, der Trompeter der Truppe, hatte sich bereit erklärt, das Solo für die Verstorbene zu spielen. Neben seinem Instrumentenkoffer hatte der weißhaarige Mann noch ein kleineres Täschchen dabei.

»Ein alter Musikertrick«, erklärte er dem Bestatter, als er den fragenden Blick auf den Inhalt seines Mitbringsels bemerkte. »Der Speichel friert bei dieser Kälte sehr schnell ein. Da muss man mit Schnaps etwas nachhelfen, damit das nicht passiert«, sagte er und nahm einen kräftigen Schluck aus dem silbernen Flachmann.

Während die Trauergäste sich nach und nach versammelten, griff Gustav fast im Dreivierteltakt zu seinem »Schmieröl«. Als würde er jede und jeden Einzelnen begrüßen und auf Margarete anstoßen.

»Meinen Sie, es ist sehr gescheit, vor dem Spielen noch mehr zu trinken?«, versuchte der Bestatter die sich anbahnende Situation abzuwenden.

»Keine Sorge, uns Musiker haut so schnell nichts um«, war die lapidare Antwort darauf.

Nachdem die salbungsvollen Worte gesprochen (sie war immer für alle da) und alle Blumen abgelegt (hoch im Kurs diesmal die Aufschrift »Letzte musikalische Grüße«) worden waren, ging es für Margarete in ihrer schwarzen Urne Richtung Grab.

Als alle rundherum versammelt waren, holte Gustav tief Luft und brachte mit seinen schiefen Tönen beinahe den Schnee zum Schmelzen. Aus dem Silenzio wurde eine Symphonie des Grauens, die nicht nur in den geschulten Musikerohren schmerzte. Am Ende wünschten sich alle nur eines: SILENZIO! Ruhe.

Stattliches Andenken

Für die einen lebt ein verstorbener Mensch im Herzen weiter, andere haben gern auch etwas von ihm oder ihr in der Hand. In diesem Fall war es ein recht delikates Erinnerungsstück, das eine Witwe von ihrem Göttergatten ausgesucht hatte.

Die Frau Mitte vierzig, blondiertes Haar, pinke Lippen und eine Stimme wie Tina Turner zu ihren besten Zeiten, saß in dem kleinen Büro des Bestatters.

Ihr René sei nach kurzer, schwerer Krankheit im Spital verstorben, berichtete sie unter Tränen, die sie sich immer wieder mit bunten Taschentüchern wegwischte, die mit Mickey-Mäusen bedruckt waren.

Wie es das Protokoll vorsah, rief der Mitarbeiter im zuständigen Krankenhaus an. Es wäre nicht Österreich, würden nicht auch nach dem Tod jede Menge Formalitäten auf den Betroffenen beziehungsweise seine Hinterbliebenen warten.

Wie groß war René, wie schwer, hatte er infektiöse Krankheiten, et cetera. All das musste abgeklärt werden, bevor die offizielle Freigabe ausgestellt werden konnte, den Leichnam abholen zu lassen.

Als der Berater sich von der Spitalsmitarbeiterin am anderen Ende der Leitung verabschieden wollte, fiel ihm die trauernde Witwe ins Wort. »Halt! Bitte sagen Sie den Leuten im Spital, dass ich so gern das Piercing meines Mannes als Andenken hätte. Das sollen sie bitte aufheben, ich hole es mir dann ab.«

Wie gewünscht deponierte der Berater in seiner trockenen Art (die bei diesem Job wohl nötig war) diesen Wunsch und erntete kurz darauf einen lauten Lacher, der selbst durch den Hörer im ganzen Raum zu vernehmen war und die Kundin, die mittlerweile das dritte Taschentuch in den Händen hielt, zusammenzucken ließ.

»Das einzige Piercing, das unser Patient hier hat, ist auf seinem besten Stück. Bei der Bauart kann ich mir gut vorstellen, dass sie das gern als Erinnerung mit nach Hause nehmen will«, sagte die Kollegin von der Pathologie. Der Berater von der Bestattung presste seine Lippen fest aufeinander, um nicht laut loszulachen, schaffte es dennoch, ein hörbares Dankeschön hervorzubringen, und beendete das Telefonat.

»Das Piercing von Ihrem René wird selbstverständlich aufgehoben, wir werden veranlassen, dass Sie es bekommen«, sagte er zu seiner Kundin, über deren Gesicht ein sanftes Lächeln und so etwas wie Erleichterung zog.

Die Erinnerungen an einen verstorbenen Menschen sind eben nicht nur im Herzen, sondern auch im Kopf abgespeichert. Und damit diese Bilder nicht gänzlich erlöschen, hilft zumindest dieser Frau seither ein kleiner (oder eben nicht so kleiner), silberner Ring, den sie jetzt als Anhänger an ihrer Halskette trägt. Also doch irgendwie im oder am Herzen.

Auf und davon

Ein giftgrüner Duftbaum der Sorte »Caipirinha« baumelte im Fahrtwind wild vom Rückspiegel. Schon in seiner Zeit als Taxifahrer hatte Günter diesen bunten »Frischekick« immer mit an Bord gehabt. Der Geruch entführte ihn gedanklich an seinen Lieblingsurlaubsort in die Dominikanische Republik und der Wunderbaum war ein willkommener Startschuss für Smalltalk mit seinen Fahrgästen gewesen. (Trinken Sie gern Caipirinha?)

Sein heutiger Passagier war nicht sonderlich gesprächig. Denn er lag waagrecht im Laderaum des Leichenwagens, mit dem Günter und sein Kollege auf großer, letzter Fahrt unterwegs waren.

Seit er vor zehn Jahren bei der Bestattung angefangen hatte, war es noch nie nötig gewesen, einen Verstorbenen so weit zu transportieren. 1.200 Kilometer waren es bis zum Ziel in Süditalien. Damit Günter und sein Kollege vor lauter Müdigkeit keinen Unfall bauen und sich gleich zu ihrem schweigsamen Mitfahrer dazulegen konnten, wurde vom Disponenten eine Übernachtung eingeplant.

Vor der kleinen Pension in Turin parkten die beiden den auf Hochglanz polierten, schwarzen Wagen und gönnten sich eine Familienpizza und danach ein Tiramisu. Dolce Vita darf auch im Sterbebusiness nicht fehlen.

Doch die süßen, italienischen Träume wurden am nächsten Morgen blitzschnell zu Albträumen. Als Günter und sein Kollege nach einem kargen Frühstück (»das können die hier nicht«) ihre Tour fortsetzen wollten, trauten sie ihren Augen nicht.

Der Wagen war weg. Wie vom Erdboden verschluckt.

Sie gingen mehrmals ums Haus, doch da war nichts. Die Limousine und sein schweigsamer Fahrgast waren verschwunden, gestohlen worden. Günter merkte, dass der Angstschweiß langsam, aber sicher aus seinem Schnauzbart perlte. Mit ihrem dürftigen Italienisch versuchten die beiden, dem Besitzer der Pension die Lage zu schildern.

»Auto futscho. Großes Problemo.«

Die verständigten Polizisten teilten die Panik der Wiener Bestatter nicht. Ruhig und gelassen telefonierten sie lautstark vor sich hin und waren sichtlich amüsiert über den ungewöhnlichen Diebstahl.

Nach vier Stunden (die Günter vorgekommen waren wie vier Tage) meldete sich schließlich ein Mitarbeiter des örtlichen Friedhofs. Die Unbekannten hatten offenbar schnell bemerkt, was sie da im Laderaum transportierten, und das Diebesgut wohl aus schlechtem Gewissen gleich zu seinem Bestimmungsort gebracht. Wenn auch nicht zu dem Richtigen. Autoradio samt CD-Player (und Günters Lieblingsscheibe von Helene Fischer) waren weg und ein Fensterglas ausgebaut. Der Gast im Laderaum aber war nicht davongelaufen. Und auch der Wunderbaum hing am Rückspiegel. Glück im Unglück.

Vorsicht Glatteis!

Monika hatte ihren Mann Karl-Heinz schon oft umfallen gesehen. Einmal sogar aus Angst vor einer großen Spinne. Ein anderes Mal war es die Hitze bei einem Thailand-Urlaub gewesen, und unzählige Male der Umstand, dass der »Kortschi« wieder einmal zu tief ins Glas geschaut hatte. Gelegenheiten dazu boten sich dem leidenschaftlichen Wirt genügend, er saß schließlich direkt an der Quelle. Oder besser gesagt am Zapfhahn.

Über vierzig Jahre lang hatten Moni und Kortschi ihr Beisl in einem Vorstadtbezirk geführt. Die Tische waren fast immer voll gewesen. Die Gäste auch. Moni hatte sich im Laufe der Zeit daran gewöhnt, sie trank nie besonders viel. Um 22 Uhr machte sie sich meist auf den Weg nach Hause, während für Karl-Heinz der Abend da erst richtig begonnen hatte. Auch in jener Nacht. Doch der Anfang war für ihn diesmal auch das Ende gewesen.

Während er gerade einen seiner schlüpfrigen Witze erzählt hatte (er kannte genau fünf, für jeden Werktag einen), schmerzte es ihn in der Brust. Kaum fasste er sich an sein Herz, hörte dieses auch schon auf zu schlagen. Die zwei Packungen Zigaretten und zwei Flaschen Wein pro Tag hatten ihre Rechnung präsentiert.

Monika merkte erst in der Früh, dass ihr Kortschi nicht wie sonst schnarchend neben ihr lag. Sie hatte ihr Handy ausgeschaltet und deshalb keinen der zahlreichen Anrufe der betrunkenen Stammgäste gehört.

Am Tag des Begräbnisses waren die Stammgäste vollzählig angetreten. Moni hatte für den Beginn absichtlich neun Uhr gewählt, damit sich die Promillegrenze der Trauernden im überschaubaren Rahmen halten würde.

Es war ein kalter Wintertag, die Wege am Friedhof vereist und rutschig. Zum Aufwärmen hatte Richie eine Flasche Grappa und fünfzig kleine Plastikbecher mitgenommen. Er kannte Kortschi am längsten und wollte stilecht noch einmal auf seinen alten Freund anstoßen. So stand die ganze Trauergemeinschaft Spalier für den Urnenträger, der die Überreste des Wirtes in Richtung Grab trug. Obwohl der junge Mann der einzige (neben Monika) war, der keinen Schluck Grappa trank, kam er plötzlich ins Wanken. Der sportliche Bestattungsmitarbeiter versuchte noch, das Gleichgewicht wiederzufinden, doch die Eisplatte unter seinen Füßen war zu glatt gewesen. Er machte fast einen doppelten Rittberger (Katharina Witt wäre neidisch geworden), die Urne samt Kortschi rutschte ihm aus der Hand und landete mit einem lauten Knall am Boden. Die Asche verteilte sich daraufhin dort, wo der Winterdienst offenbar vergessen hatte, zu streuen. Wie aus einem Reflex heraus versuchte Witwe Monika, die ihren Mann also noch einmal hatte fallen sehen, den Staub mit ihren bloßen Händen einzusammeln. Ihr Schwiegersohn meinte daraufhin nur lapidar: »Los des, sonst zahst eam wieder ham.«

Blinde Liebe

Ihre Möpse waren ihr ganzer Stolz. Die beiden prächtigen, hellbraunen Exemplare hießen Loriot und Evelyn. Die dralle Blondine Bettina hatte die Namen gemeinsam mit ihrem Mann Manfred ausgesucht. Sie waren große Fans des deutschen Komiker-Duos und tauften ihre Lieblinge deshalb nach dem größten Mops-Fan aller Zeiten und seiner kongenialen Bühnenpartnerin.

Loriot und Evelyn (die Vierbeinigen) wurden behandelt wie Kinder. Zum Geburtstag gab es eine Torte aus Leberwurst und Reis (mit Kerzen), schlafen durften sie am Fußende des Ehebetts auf einem flauschigen Polster in Donutform und im Lokal wurden die beiden mit Löffel und Gabel gefüttert – sehr zum Missfallen der anderen Gäste. Ihren »Eltern« war das egal.

Bettina und Manfred konnten keine Kinder bekommen und so waren Loriot und Evelyn eben der haarige Ersatz. Eine Art Fellfamilie. Bis zum Weihnachtsfest. Pudeldame Evelyn verschluckte sich am Geschenkband ihres neuesten Spielzeugs (»Lassen wir sie's selber aufmachen«) und erstickte. Manfreds Herz war daraufhin so gebrochen, dass es ein paar Tage später aufhörte, zu schlagen. Bettina war fassungslos und drückte ihren Loriot noch öfter an ihre Brust, als sie es ohnehin schon tat. Er jaulte, sie schluchzte. Für die Beerdigung von Manfred (Evelyn war bereits in einer Urne über dem Fernseher) ließ Bettina für ihre seelische Stütze ein kleines, schwarzes Mäntelchen schneidern. Auch er sollte sich in standesgemäßem Outfit von seinem »Papa« verabschieden können. Als Bettina im Internet die Bestattungsseiten durchforstete, traf sie beinahe der Schlag. In der Feuerhalle, in der ihr Manfred in wenigen Tagen verabschiedet werden sollte, galt strenges Hundeverbot. So sehr er wie ein Kind behandelt wurde, als Mensch ging selbst Loriot nicht durch.

»Ausnahme sind Assistenzhunde«, las Bettina im Kleingedruckten und witterte eine Chance.

Am Tag der Beerdigung erschien die Witwe ganz in Schwarz. Loriot schaute in seinem Traueroutfit aus der Handtasche heraus und bellte jedes Mal, wenn jemand Bettina zum Kondolieren die Hand reichte. Sie hatte nur eine frei. Denn in der Rechten trug sie einen Blindenstock und am Oberarm eine gelbe Schleife mit drei schwarzen Punkten. Ihre dunkle Sonnenbrille nahm sie nicht ab. Denn sie war blind. Also zumindest offiziell. Loriot sei ihr Blindenhund, ohne den sie unmöglich aus dem Haus könne, versicherte sie den anwesenden Bestattern, die nicht schlecht staunten.

Als Bettina die Trauerhalle betrat und die Blumen ihrer Schwiegermutter sah, kam ihr ein »Gott sind die hässlich« aus. Bettina bemerkte aber schnell, dass sie sich verriet, und sagte nur frei nach Loriot: »Wissen Sie, ein Leben ohne Mops ist möglich, aber sinnlos.«

Blinde Liebe

Familienzusammenführung

Er wusste gar nicht, wen er zuerst in die Arme nehmen sollte, und spürte, wie ein angenehm warmes Gefühl der Geborgenheit in ihm aufstieg, das er schon gar nicht mehr gekannt hatte. Zu lang war Pascal jede Form der körperlichen Zuwendung in seiner Familie verwehrt gewesen. Nicht einmal geredet hatten sie die letzten Jahre mit ihm, obwohl sie in der gleichen Straße gewohnt hatten. Er war ein Außenseiter im innersten Zirkel seiner Nächsten.

An diesem sonnigen Herbsttag waren der 55-jährige Ökologe und seine Verwandten nun endlich friedlich beisammen. Kein böses Wort. Kein Streit. Einfach nur Harmonie, die er genoss, während die Vögel auf den zahlreichen Bäumen um ihn herum zwitscherten. Das war keine Selbstverständlichkeit.

Der überzeugte Vegetarier Pascal war lange Zeit das schwarze Öko-Schaf in der Familie gewesen. Seine Eltern hatten in fünfter Generation einen Wiener Kürschner-Betrieb geleitet und konnten mit der Lebensweise ihres Sohnes wenig bis gar nichts anfangen. Sie hätten es akzeptiert, wenn er sich nicht als Jugendlicher einer Tierschutzorganisation angeschlossen und regelmäßig vor ihrem Geschäft in der Wiener Innenstadt protestiert hätte.

Einmal hatten er und seine Kollegen in der Nacht sogar stinkende Buttersäure im Showroom des elterlichen Pelzladens versprüht und damit Dutzende Nerzmäntel und -hauben vernichtet, für die der Betrieb auch über die Stadt hinaus bekannt war. Das war zu viel gewesen. Pascals Mutter hatte nach dem Vorfall mit einem Nervenzusammenbruch ins Spital eingeliefert werden müssen und er selbst war für seine Eltern eine Persona non grata geworden.

Mit dem Fortschreiten des Alters änderten sich zwar nicht seine Ansichten, doch der fehlende Familienanschluss schmerzte Pascal zusehends. Nachdem seine Anrufe ignoriert wurden, versuchte er regelmäßig, zu speziellen Anlässen Kontakt mit seinen Eltern und deren Geschwistern (die ihn auch ablehnten) aufzunehmen und schickte liebevoll geschriebene Weihnachts- und Geburtstagskarten. Keine Reaktion. Die ganze Familie stülpte einen Pelzmantel des Schweigens über sich.

Bis zum Tod des Kürschner-Paares, das sein Geschäft kurz davor zugesperrt hatte, gab es keinen Kontakt mehr. Auch nicht zu seinen Tanten und Onkeln, die mittlerweile ebenfalls in der Familiengruft wohnten. Umso glücklicher war der Verstoßene, als er aufmerksam verfolgte, wie die Männer der Bestattung eine Urne nach der anderen aus dem Grab herausschaufelten. Zuerst Mama. Dann Papa. Dann Tante Hermine. Onkel Franz. Onkel Heribert. Und zu guter Letzt: Tante Leonore, die als Erste der sechs gestorben war. Als die Grabungsarbeiten nach mehreren Stunden beendet waren, nahm Pascal die sechs Urnen entgegen, umarmte jede einzeln und brachte sie zu sich nach Hause. Eine friedlichere Familienzusammenführung gab es wohl nie zuvor.

Stürmische Rache

Sie saßen definitiv am falschen Tisch. Denn in der Mitte des länglichen Heurigentisches stand ein massiver Aschenbecher aus Messing, mit der Aufschrift »Stammtisch – hier sitzen die, die immer hier sitzen«. Martin und seine drei Kollegen waren allerdings zum ersten Mal bei diesem Heurigen in Großjedlersdorf am Stadtrand von Wien. Und das nicht ganz freiwillig. Es war eine Art spontanes Geschäftsessen. Der großgewachsene Sargträger (was seine Arbeit mit kleineren Berufskollegen etwas erschwerte) und die anderen Männer waren von ihrer heutigen Kundin eingeladen worden. Widerrede zwecklos. Die ziemlich beleibte, aber genauso herzliche Wirtin versuchte sich mit dem, was sie am besten konnte, abzulenken: Gäste bewirten. Denn in etwas mehr als einer Stunde würde sie Abschied von ihrem Gatten nehmen müssen. Ein Fiaker-Unternehmer aus Leidenschaft. Ein Pferdenarr, der ins Gras gebissen hatte. Kreislaufkollaps am Kutschbock.

Der Friedhof, auf dem Heini seine letzte Ruhe finden sollte, war sozusagen der erweiterte Gastgarten des Heurigens, da er direkt an das Grundstück angrenzte. »Wir haben deswegen nie Ärger mit der Nachbarschaft, denn die beschwert sich nicht mehr über den Lärm«, scherzte Annemarie, als sie am Stammtisch ohne Stammgäste vier Gläser Sturm servierte. Es war Mitte September und daher die Hochsaison für diesen gegorenen Traubenmost, für den der Heurigen in ganz Wien bekannt war. Picksüß. Und süffig.

Martin, der vor zwei Jahren aus Deutschland in die Stadt gezogen war, kannte Sturm nur von seiner großen Leidenschaft, dem Segeln, und amüsierte sich köstlich darüber, dass beim Anstoßen mit dieser flüssigen Kalorienbombe »Mahlzeit« und nicht »Prost« gesagt wurde. Innerhalb kürzester Zeit wurde aber auch Martin zum Sturm-Fan. Als Annemarie ihm und seinen Kollegen (die Trauerfeier sollte in zwanzig Minuten beginnen) das dritte Glas brachte, spürte der Sargträger plötzlich ein Grummeln in seinem Bauch. Und er war nicht der Einzige. Alle vier Stammtischgäste klangen wie ein Basstrompetenquartett. Nacheinander verschwanden sie in Richtung Toiletten, um dem Gärprozess freien Lauf zu lassen. Schon bald saß Marianne allein im Heurigen, der an diesem Tag eigentlich geschlossen hatte, und konnte sich ein Schmunzeln nicht verkneifen. Da die vier Sargträger länger am stillen Örtchen (das gar nicht so still war) beschäftigt waren, rief sie in der Bestattungszentrale an, um für den letzten Weg von Heini Verstärkung anzufordern. Der passende Kommentar der Dame am Telefon: Shit happens!

Einen »Big Mac« bitte!

Der Tod macht alle Menschen gleich, heißt es immer. Stimmt nicht ganz. Denn für ein Begräbnis macht es einen erheblichen beziehungsweise schwerwiegenden Unterschied, ob der oder die Tote achtzig oder 280 Kilogramm hat. Weil es für einen Besuch bei den Weight-Watchers oder eine Ananasdiät im Fall von Joseph schon etwas zu spät war, brauchte es eine Alternative zum Abnehm-Programm.

Der 72-jährige Halbamerikaner starb in Wien. Seine letzte Reise sollte ihn aber nicht zu einem der vielen Friedhöfe der Stadt führen, sondern in seine alte Heimat. Als lebender Passagier hatte er mit seinen 1,58 Meter Körpergröße zwar immer Beinfreiheit genossen (auch in der Economy-Class), der restliche Umfang seines Körpers machte es aber dennoch stets notwendig, zwei Sitze nebeneinander zu buchen.

Mit der Final Destination New York reiste Joseph als »Hugo«. So nennen Airlines Verstorbene, die im Gepäckraum mitfliegen, eine Abkürzung für »human gone«, also verstorbener Mensch. Da so ein »Hugo« wenig überraschend nicht allein einchecken und borden kann, wurden die Herrschaften von der Bestattung engagiert, um als Bodenpersonal der etwas anderen Art zu fungieren.

Als das Krankenhaus anrief, um die Leiche abholen zu lassen, war den Profis aufgrund der Maße des Verstorbenen schnell klar: Hier brauchte es einen *Big Mac*.

Weil schwarzer Humor gerade in einer Berufsgruppe wie dieser nicht fehlen darf, werden Särge in Übergröße bei der Wiener Bestattung eben genau so genannt. Richtig gschmackig.

Im Fall von Joseph war mehr als eine halbe Fußballmannschaft (exakt acht Mitarbeiter) vonnöten, um den schwergewichtigen Exil-Ami in seinen Big Mac zu verfrachten. Eine schweißtreibende Angelegenheit. Damit die Strapazen sich lohnten, war der überdimensionale Sarg innen mit Metall verstärkt, immerhin sollte der Verstorbene es nicht doch noch zu einem späten Durchbruch schaffen.

Die letzten Kilometer auf heimischem Boden bis zum Flughafen legte Joseph dann in einer der geräumigen Limousinen zurück. 420 Kilogramm Gesamtgewicht wog das heikle Gepäckstück, das anschließend in den Frachtraum gehievt werden musste. Die erfahrenen Hände der Bestattungsmitarbeiter reichten hier bei weitem nicht, Stapler und Hebebühne mussten angefordert werden, um den »Hugo« zu seinem Liegeplatz im Flugzeug zu bringen. Wer schon einmal bei einer Reise für Übergepäck zahlte, wird sich wohl nie wieder über den Aufpreis beschweren. Die letzte Reise als Big Mac kostet nämlich 10.000 Euro – reiner Flugpreis.

LOST AND FOUND

Als passionierter Langschläfer war es ein riesiger Liebesbeweis, dass er seinen Wecker an diesem Sonntag für acht Uhr in der Früh gestellt hatte. Doch Santiago wollte den Vorverkauf der begehrten Tickets, der in einer Stunde begann, auf keinen Fall verpassen und zwei Eintrittskarten für die Carmen-Premiere im Teatro Colón ergattern. Er gedachte, seiner gleichnamigen Flamme damit zu imponieren und hoffte, letzte Liebeszweifel bei seiner Carmencita zu beseitigen.

Fast im Sekundentakt klickte er mit seinem rechten Zeigefinger auf die Computermaus, um die Startseite des berühmtesten Theaters in Buenos Aires zu aktualisieren.

Klick. Klick. Klick.

Endlich waren die Karten freigegeben, und der gutaussehende Argentinier schaffte es tatsächlich, zwei Plätze in der zweiten Reihe zu reservieren. Als er zur Bestätigung die Nummer seiner Kreditkarte eingeben wollte, bemerkte er es. Sie war weg.

Seine Geldbörse lag nicht wie sonst üblich auf dem kleinen Regal im Vorzimmer.

Hektisch durchsuchte Santiago die Taschen der dünnen, braunen Lederjacke, die er am Vortag angehabt hatte. Auch dort fand er außer ein paar zerknüllten Taschentüchern und einer leeren Zigarettenschachtel nichts. Panik. Nicht nur, dass die Reservierung der begehrten Karten nur zehn Minuten gültig war, der 33-Jährige hatte sein halbes Leben in seinem Portemonnaie. Kreditkarte. Führerschein. Zulassungsschein. Personalausweis. Krankenversicherungskarte. Und eine Haarlocke seiner verstorbenen Großmutter, die er seit Jahren als Glücksbringer bei sich trug.

Im Kopf rekapitulierte der junge Mann seinen letzten Tag. Am Abend war er mit Carmen bei einem Date in einem Restaurant ums Eck gewesen. Sie hatten Humitas, kleine, in Maisblätter eingehüllte Kürbistaschen, und Locro, ein fleischiges Eintopfgericht, gegessen. Um die Romantik nicht zu stören, hatte er den Wirt in seinem Stammlokal gebeten, anschreiben zu lassen. Sofort rief er bei Pablo an und erkundigte sich, ob vielleicht jemand seine Geldbörse gefunden hatte. Nichts. Davor waren die beiden Turteltauben beim jährlichen Tangofestival gewesen und hatten sich eine Vorführung in einem kleinen Theater angesehen. Auch dort rief der immer verzweifelter werdende Santiago an. Auch nichts. Zu guter Letzt suchte er noch seinen kleinen, aber feinen Garten ab, in dem er zu Mittag gearbeitet hatte. Die Rosensträucher unter dem prächtigen Palisanderholzbaum hatten gestutzt werden müssen. Vielleicht war ihm seine Geldtasche dort abhandengekommen.

Doch auch im Freien fand er nicht, wonach er suchte.

Gearbeitet hatte er zuletzt vor zwei Tagen. Hatte er die Geldbörse dort ausgestreut? Mitten in diesen Gedanken hinein läutete sein Handy.

Gedankenübertragung. Es war sein Chef.

»Es hat gerade jemand aus Wien für dich angerufen«, sagte er mit erheiterter Stimme. Der verwunderte Santiago konnte sich keinen Reim darauf machen, bis sein Vorgesetzter fortfuhr. »Du hast bei der Urne, die wir vor zwei Tagen nach Österreich überstellt haben, deine Geldbörse in dem Paket mitgeschickt. Die liegt jetzt bei den Kollegen in Wien. Sie schicken sie mit der Post wieder zurück«, informierte ihn der Bestattungsleiter und wünschte ihm noch einen schönen Tag.

Erleichterung. Er musste wohl in Gedanken an Carmen gewesen sein, als er die sterblichen Überreste des Exil-Österreichers versandfertig gemacht hatte, dabei musste seine kleine Geldbörse aus der Brusttasche seines Hemds gerutscht sein. Die Carmen-Karten waren in der Zwischenzeit verfallen. Trotzdem fiel Santiago ein Stein von seinem schwer verliebten Herz und er legte sich wieder schlafen.

Zu kurz

Heribert war nicht bekannt dafür, besonders emotional zu sein. Der studierte Physiker hatte sich stets lieber mit Fakten als mit Gefühlen beschäftigt. Ausgerechnet seine Beerdigung hätte ihn aber dennoch rot werden lassen können. Gut, dass das in seinem Fall nicht mehr passieren konnte. Er hätte in seinem Eichensarg liegend aber ohnehin nicht mehr mitbekommen, was sich davor abspielte.

Der Aufbahrungssaal am Friedhof Kagran war gut gefüllt. Das ist meistens so bei Menschen, die das Zeitliche segnen, obwohl ihre Zeit dafür noch nicht reif schien. Heribert war gerade einmal 55, als der Krebs ihn heimsuchte und leider nicht mehr gehen wollte. Kolleginnen und Kollegen von der Fakultät für Physik (es sind erstaunlich viele Brillenträger dabei), Freunde seines geliebten Kegelklubs und natürlich seine Witwe Maria.

Die beiden hatten sich erst vor wenigen Jahren kennengelernt und geheiratet. Quasi in der zweiten Runde. Heribert hatte bereits eine Frau und erwachsene Kinder, als er die junge Studentin kennen und lieben lernte (die richtige Formel dafür dürften die beiden wohl gefunden haben).

Marias größter Wunsch nach einem gemeinsamen Kind mit ihrem ehemaligen Professor blieb unerfüllt, das machte ihr die Szenerie, in der sie sich gerade befand, noch einmal deutlich. Sie schluchzte laut, ließ die Beileidsbekundungen über sich ergehen und versuchte, in die Musik abzutauchen, die sie für ihren Liebsten ausgesucht hatte. »My way« von

Frank Sinatra tönte aus der in die Jahre gekommenen Stereoanlage in der Halle, als nach und nach Blumengestecke und Kränze vor dem aufgebahrten Sarg abgelegt wurden. Allesamt versehen mit liebevollen Worten (die zu Lebzeiten meist niemand zu hören bekam). Zuallerletzt wurde Marias floraler Gruß ganz in die Mitte unter Heriberts Foto (er war nicht sonderlich fotogen) gelegt. Ein riesiges Herz aus roten Rosen. Mindestens hundert Stück hatte Maria bei ihrer Blumenhändlerin zu einem Liebessymbol binden lassen.

Als der Bestattungsmitarbeiter die Schleife an dem XXL-Herz richtete, damit der Schriftzug gut lesbar war, ging plötzlich ein leises, aber deutlich hörbares Raunen durch die kalte Halle (in der es sehr hallte). Maria schaute sich zuerst um und erkannte dann recht schnell den Grund für die kurze Stimmungsaufhellung unter den Trauergästen: Auf den beiden Schleifen in zartrosa stand links »Es war viel zu kurz« und rechts »Dein Spatzi«. Und so war es jetzt Maria – das Spatzi, wie sie von ihrem Mann liebevoll genannt wurde – die rot anlief und nicht Heribert.

Dein Spatzi
Es war viel zu kurz
Zu kurz

Boxenstopp

Bei der Segnung des Unterwäschegeschäfts in der Innenstadt war es am Vorabend recht spät geworden. Deshalb rieb sich der als Society-Pfarrer bekannte Toni Faber seine müden Augen unter den rahmenlosen Brillen besonders lang, weil er nicht für möglich hielt, was er da sah. Als Geistlicher glaubte er zwar an die Auferstehung, doch das Bild, das sich ihm auf dem Heiligenstädter Friedhof zu Allerheiligen in aller Herrgottsfrüh bot, ließ sogar den Gottesmann fragend zurück.

Die Gruft seines langjährigen Freundes, des weltberühmten Formel-1-Fahrers Niki Lauda, war offen. Ein tiefes Erdloch, das nur mit ein paar Holzlatten abgedeckt war. Vorsichtig hob er eine davon an und starrte ins Nichts. Die letzte Ruhestätte von Lauda war leer.

Erst vor wenigen Monaten war »Niki Nationale«, wie ihn die Medien oft genannt hatten, unter riesiger Anteilnahme der Öffentlichkeit verabschiedet worden. Als erster Sportler überhaupt wurden seine sterblichen Überreste (angeblich im Rennanzug) im Stephansdom aufgebahrt. Tausende Menschen waren trotz strömenden Regens an diesem 29. Mai 2019 gekommen, um sich vor dem dreifachen Weltmeister zu verneigen. Auf dem polierten Holzsarg in der Mitte des Doms hatte einer der Rennhelme des Wieners gelegen, umringt von einem Lorbeerkranz. Beim anschließenden Requiem weinten neben der Witwe und seinen Söhnen auch Stargäste wie Arnold Schwarzenegger oder Alain Prost um den auch für seinen Geiz weltbekannten Mann, bis er danach im engsten Familienkreis beigesetzt worden war. In der Familiengruft. Genau die, die jetzt leer war.

»Um Gottes willen, es hat ihn wer gestohlen«, dachte der Geistliche, als er noch immer fassungslos vor dem offenen Grab stand. Die Bestattung hatte mit so etwas gerechnet, weshalb vor der Trauerfeier nur sechs eingeweihte Mitarbeiter wussten, an welchem streng geheimen Ort sich Niki Laudas Leiche befand.

»Kann ich Ihnen helfen?«, erkundigte sich ein älterer Friedhofsmitarbeiter, der den Pfarrer aus dem Fernsehen kannte.

»Sagen Sie, wo ist der Niki Lauda hin?«, fragte er und riss seine müden Augen auf.

»Sie sind nicht der Erste, der das fragt. Heute wollten das schon viele Friedhofsbesucher wissen. Den haben wir umgebettet. Seine Gruft ist ziemlich baufällig, deshalb musste der Niki vorübergehend umziehen«, antwortete der fröhlich wirkende Mann in seiner grauen Arbeitsmontur. Wie auf den meisten Friedhöfen gab es auch in Heiligenstadt eine Ersatzgruft für solche Fälle, wo Niki Lauda auf seine frisch renovierte Bleibe wartete.

»Ein letzter Boxenstopp«, scherzte der Pfarrer, während er sich das VIP-Band vom Vorabend vom Handgelenk kletzelte.

In Stellung

Es war das letzte, etwas eingetrocknete Liptauerbrot beim Buffet des jährlichen Sommerfestes in der städtischen Seniorenresidenz gewesen, über dem sich ihre Hände zum ersten Mal berührt hatten. Johanna und Josef schauten sich in ihre alten, aber neugierigen Augen und es funkte.

Fünf Jahre nach dem Tod ihres Mannes hatte sich die rüstige Pensionistin von ihren beiden Töchtern doch noch überreden lassen, hier einzuziehen.

»Vielleicht lernst du ja jemand Nettes kennen«, hatten sie gesagt.

»Blödsinn«, war ihre lapidare Antwort gewesen.

Dass sie tatsächlich noch einmal die große Liebe finden würde, hätte sie damals nie für möglich gehalten. Doch nun waren Johanna und Josef wie ein junges, verliebtes Paar. Sie hielten beim sonntäglichen Gottesdienst Händchen, flirteten am Gang zwischen den Sauerstoffflaschen und Rollatoren ihrer Mitbewohner und unternahmen lange gemeinsame Spaziergänge.

Ein dritter Frühling mitten im Spätherbst des Lebens. Johanna war 84, ihr Lover um 15 Jahre jünger. Doch ihre Liebe war so groß, dass sie sogar beschlossen, zu heiraten.

Die Hochzeit fand im Garten des Pensionistenwohnhauses statt. Trauzeugen waren die zwei Lieblingsaltenbetreuer der beiden. Alles war geschmückt mit roten Luftballon-Herzen.

Nach einer gefühlt ewigen Durststrecke entdeckte die frisch gebackene Ehefrau auch wieder die Lust im Bett. Während bei den meisten Seniorinnen im Haus die künstlichen Hüft- oder Kniegelenke quietschten, war es bei Josef und Johanna (die sich mittlerweile ein Doppelzimmer teilten) das alte Bettgestell, das derart viel Aktivität hörbar nicht gewohnt war.

Auch wenn sie sich plötzlich wie ein junges Mädchen fühlte, war sich Johanna ihres hohen Alters bewusst. Dass sie höchstwahrscheinlich vor ihrem Göttergatten das Zeitliche segnen würde, war ihr klar.

Ohne Peppi etwas davon zu erzählen, machte sie sich eines Nachmittags deshalb zur Filiale der Bestattung gleich ums Eck ihres Alterswohnsitzes auf (man wusste offenbar, wo die Kunden zu finden waren). Johanna parkte ihren Rollator vor dem Eingang, setzte sich zu einem der Berater und stellte ihm die Frage, die schon länger unter ihren vergilbten Nägeln brannte.

»Sagen Sie, wenn ich zuerst sterbe, liege ich ja unten und mein Mann darüber, oder?« Der Berater nickte und schaute etwas verdutzt. »Wenn es wirklich so kommt, könnten Sie mich dann exhumieren und meinen Mann unter mir beisetzen, sodass ich auf ihm liege?«

Pause.

Der junge Bestattungsmitarbeiter wurde nervös und klärte Johanna auf, dass dies theoretisch schon möglich sei, aber mit einem enormen finanziellen Aufwand verbunden wäre.

Auf einmal begannen die blauen Augen der alten Frau zu leuchten. Fast verliebt sah sie drein, als sie erleichtert sagte: »Das Geld ist egal.

Wissen Sie, mein Mann mag das so gern, wenn ich oben liege.« Als sie ihr Zimmer zu Hause aufsperrte, hatte sich Josef bereits in Stellung gebracht.

Strada del Tode

Zu Hause schmeckt's am besten. Diese Regel hatte Walter zeit seines Lebens für sich aufgestellt. Ob das Gulasch von der Mutti (wie er seine Ehefrau liebevoll nannte) oder die geröstete Leber seiner Tochter Christina. Es gab allerdings eine Sache, für die der 88-Jährige diese Regel durchbrach, und das war der Cappuccino (oder Kapuzino, wie er den Kaffee mit viel Milchschaum bis zuletzt unbeirrt eindeutschte). Der Cappuccino schmeckte am besten in Italien, genauer gesagt in Lignano, wo die Familie seit vielen Jahrzehnten ihren Sommerurlaub verbrachte.

Auch in diesem Jahr genoss Walter seinen »Kapu« auf einer Terrasse mit Blick auf die belebte Fußgängerzone, als ihm plötzlich das Häferl aus der Hand und der Kopf auf die Tischplatte fiel.

Zack. Bumm. Herzinfarkt.

Er hatte sein Herz an die norditalienische Stadt verloren. Diesmal endgültig. Der Urlaub war für seine Familie damit beendet (die Abreise wäre ohnehin für zwei Tage später geplant gewesen).

Weil Mutti, Christina und Co auch nach mehreren Jahrzehnten in Bella Italia der Sprache nicht mächtig waren, beschlossen sie, sich dort gar nicht erst mit den Formalitäten aufzuhalten. Kurzerhand packten sie den Opa Walter unter den Achseln, verfrachteten ihn auf die Rückbank ihres Autos und brachen eben früher Richtung Heimat auf. (Hatte auch den Vorteil, dass unter der Woche weniger Verkehr war).

Nach ein paar Stunden schweigsamer Fahrt, viel hatte der betagte Mitfahrer, dem immer noch ein Milchbart an der Oberlippe klebte, nicht mehr zu sagen, waren sie endlich am Ziel angekommen. Das Navigationssystem hatte sie auf Walters vorletzter Reise zur Zentrale der Bestattung nach Wien geführt. Ohne Sprachbarriere gingen Mutti und Christina in das Gebäude und schilderten gleich ihr Begehr. »Unser Großvater ist im Italien-Urlaub leider verstorben.«

»Mein herzliches Beileid. Wo ist denn der Verstorbene jetzt?«, fragte die freundliche Mitarbeiterin.

»Wir sind direkt aus Lignano gekommen und haben ihn gleich mitgebracht. Er sitzt hinten im Auto, direkt hier vor der Tür«, sagte Christina nicht ohne Stolz in der Stimme. Schließlich hatten sie der Bestattung die Arbeit ja ziemlich erleichtert. Nach einem kurzen Blick vor die Tür griff die etwas bleich gewordene Mitarbeiterin zum Handy und verständigte die Polizei. Im Anschluss an die Totenbeschau wurde Walter schließlich umgebettet und in ein Kühlhaus gebracht. Ein erheblicher Temperaturunterschied zum warmen Lignano.

A 732
STRADA
DEL TODE 3

Der heiße Stuhl

Florian war kein Wunderkind gewesen. Auch wenn seine Eltern im Laufe der Jahre den Wert eines teuren Kleinwagens in seinen Musikunterricht investiert hatten, es klang immer noch nach Blasmusik für Anfänger. Oder anders gesagt: grauenhaft. Zuerst Blockflöte, dann Altflöte, später Querflöte und schließlich Horn – Florian, der für sein Alter immer ein wenig zu klein gewesen war, hatte sich erfolglos durch zahlreiche Instrumente geblasen, bis ihm Luft und Lust ausgegangen waren.

Doch trotz seines offensichtlich fehlenden Talents wollte Flo Musiker werden. Er war überzeugt gewesen, dass er bisher nur nicht das richtige Instrument für seine Leidenschaft gefunden hatte.

Mit 22 Jahren war er (seiner Meinung nach) schließlich fündig geworden: Die Orgel sollte es sein. Er war schon als Bub fasziniert gewesen von den sphärischen Klängen in der Kirche und den schier endlos langen Pfeifen. Ein ehemaliger Dommusiker versuchte fortan mehr schlecht als recht, dem Aushilfsmozart das imposante Instrument näherzubringen. Mit der Engelsgeduld seines Lehrers und sündhaft viel Geld (das mittlerweile nicht mehr Florians Eltern zahlten) konnte er schließlich einige Stücke ganz passabel spielen.

Seinen Unterhalt musste Florian zum Glück nicht mit seiner Musik verdienen (er arbeitete als Garderobier im Wiener Musikverein), doch im Laufe der Zeit wurde er immer wieder als Organist für Trauerfeiern gebucht. Es gab wenige in der Stadt und das Publikum war ob der anderen Sorgen nicht wirklich anspruchsvoll.

Es war ein heißer Sommertag im Juli, als Florian (der auch als Mann ziemlich klein geblieben war) sich seinen schwarzen Anzug anzog und zum Zentralfriedhof fuhr. Für die Trauerfeier eines pensionierten Uhrmachers sollte er in der Trauerhalle zwei Stücke zum Besten geben. Wie vor all seinen (wenigen) Auftritten war Florian aufgeregt. Wie immer, wenn er nervös wurde, begannen seine viel zu großen Ohren, rot und heiß zu werden. Auch diesmal.

Als er hochkonzentriert die Tasten griff, spürte er, dass nicht nur seine Ohren immer wärmer wurden – auch unter seinem Popo wurde es plötzlich warm. Und wärmer. Und dann auf einmal richtig heiß. Er begann, hin und her zu rutschen und versuchte, während seiner Musikeinlage dem Bestattungsmitarbeiter am anderen Ende des Saals zuzuwinken und ihm zu verstehen zu geben, dass etwas mit der Orgelbank nicht stimme. Vergeblich. Florian spielte die beiden Stücke im doppelten Tempo, um schneller aufstehen zu können.

Geschafft. Nach der heißen Nummer erfuhr er, was das Problem gewesen war. Der Arrangeur (der relativ neu war) hatte die Schalter verwechselt. Statt des Lichtes hatte er die Sitzheizung auf die höchste Stufe gedreht. So war Florian zumindest einmal zum glühenden Musiker geworden.

Rosenkrieg

Er zerdrückte die blaurote Energydrink-Dose mit seiner kräftigen linken Hand und stellte sie zu den anderen beiden auf den achteckigen, verfliesten Couchtisch vor ihm. Marcel war müde und brauchte zum Frühstück diesen Koffeinkick, um an diesem Morgen in die Gänge zu kommen. Es war sein letzter Arbeitstag vor dem lang ersehnten Urlaub mit seiner Jeanette, die er vor zwei Jahren auf der Tanzfläche eines Technoklubs am Stadtrand von Wien kennen und später lieben gelernt hatte.

Der Einzelhandelskaufmann arbeitete schon seit längerem für eine Security-Firma als Wachmann. Jede Woche wurde der muskulöse Hüne irgendwo anders eingesetzt. Manchmal auch jeden Tag. Diesmal fuhr er in seiner Uniform, in der er sich besonders mächtig fühlte, zu einem Ort, den er noch nie zuvor bewacht hatte: zum Tierfriedhof. Die Instruktionen von seinem Chef, die er vor jedem Auftrag schriftlich bekam, lasen sich abenteuerlich: Eine gut betuchte Frau hatte den Security-Dienst für die Beerdigung ihres Zwergpinschers angefordert, um zu verhindern, dass ihr Ex-Mann auch an der Trauerfeier teilnahm. Sie hatte sogar extra ein wenig schmeichelhaftes Foto zur Verfügung gestellt, sodass der unerwünschte Gast beim Betreten der kleinen Tier-Trauerhalle sofort erkannt werden konnte. Passion hieß der kleine Hund, der nach der großen Leidenschaft benannt war, die die Ex-Eheleute Margit und Volker einst verbunden hatte, und der ein Kinderersatz für sie dargestellt hatte. Bis der

Hundepapa begann, in fremdem Revier zu schnüffeln, und eine Affäre mit der besten Freundin des Frauchens einging.

Zuerst hatte sie sich hundeelend gefühlt. Später war sie von Hass erfüllt gewesen und hatte die beiden aus ihrem Leben gestrichen.

Deshalb sollte er nun auch nicht dabei sein, wenn ihre verstorbene Passion in einer Trauerfeier verabschiedet wurde. Marcel postierte sich pünktlich um zehn Uhr vor dem Eingang und wartete auf die ersten Trauergäste.

Nacheinander trudelten Familie, Freunde und Arbeitskollegen der bereits zwei Mal reich verheirateten Margit ein. Mit einem Auge schielte der Sicherheitsmann immer wieder auf das Foto, das den vollbärtigen Volker mit Brille und rundlichem Gesicht zeigte.

Kurz bevor die kleine Zeremonie mit rund zwanzig Gästen beginnen sollte, hastete noch ein weiterer Herr zum Eingang der Trauerhalle. Er war schlank, glattrasiert und roch, als wäre er in eine Parfümflasche gefallen. Marcel lugte auf das Foto und ließ ihn hinein.

Wenige Sekunden später hallte lautes Geschrei aus der bislang so ruhigen Aufbahrungshalle, in deren Mitte die kleine Urne mit Passion stand. Zuerst verstand er nur Wortfetzen, die sich aber relativ schnell zu nicht jugendfreien Schimpftiraden zusammensetzten. Marcel wollte gerade in die Halle gehen, um nachzusehen, was da los war, da flogen ihm schon erste Rosen entgegen. Eine traf ihn im Gesicht. Eine andere auf der Schulter. Wieder eine. Und noch eine. Margit war außer sich vor Zorn.

»Wozu habe ich Sie engagiert?! Ich habe Ihnen gesagt, Sie sollen ihn nicht hereinlassen!«, schrie sie Marcel an und warf eine weitere Rose auf ihn. Jetzt erkannte der verwunderte Sicherheitsmann den optisch stark veränderten Volker, der als letzter Gast an ihm vorbeigekommen war. Damit nicht genug. Der ehemalige Hundevater hatte auch noch ein riesiges Blumengesteck aus Rosen in Form eines Hundeknochens anfertigen und aufstellen lassen. Diesen zerpflückte Margit nach und nach und bewarf Marcel und Volker abwechselnd mit den dornigen Blumen.

Der junge Sicherheitsmitarbeiter hatte alle Hände voll zu tun, die Situation in den Griff zu bekommen (Deeskalation war Teil seiner Ausbildung gewesen). Irgendwann war das Knochen-Gesteck blütenlos und Margit stimmlos. Die Trauerfeier konnte beginnen, während Volker draußen bleiben musste. Wie Passion früher bei einem Besuch im Supermarkt.

Für Marcel war es der einzige Auftrag an diesem Tag. Am Abend beschloss er, den geplanten Heiratsantrag, den er seiner Jeanette im Urlaub machen wollte, zu begraben.

Luftdicht verpackt

Er hatte in den letzten Nächten nicht überirdisch gut geschlafen. Dabei lebte Dominik im Weltraum. In seinem Eigenen.

Als der für sein Alter damals viel zu kleine Bub auf dem Weg in die Schule zum ersten Mal ein Filmplakat von »Star Wars« gesehen hatte, war er dem Klub der Sternenkrieger beigetreten. Auch jetzt, als erwachsener Mann, ließ ihn die Faszination der legendären Science-Fiction-Filmreihe nicht los. Die Wände seiner Zweizimmerwohnung waren tapeziert mit täuschend echten Aufnahmen des Weltraums, seinen Morgenkaffee trank er nur aus einem Häferl in Form des kleinen Roboters R2-D2 und das Raumschiff namens Millennium Falke hatte er für teures Geld von einem Tischler als Bett nachbauen lassen. Dominik glaubte an das Überirdische und machte sich damit regelmäßig zum Gespött seiner Kollegen in dem Callcenter eines großen Mobilfunkanbieters, in dem er seit einigen Jahren arbeitete.

Der Grund für seinen schlechten Schlaf war nicht etwa seine außergewöhnliche Schlafstätte, sondern der Tod seiner geliebten Mutter. Sie hatte völlig überraschend dem irdischen Leben den Rücken gekehrt.

Nierenstein statt Sternenstaub. Blutvergiftung und dann auf und davon in die unendlichen Weiten.

Die Vorstellung, dass er seine Mama nie mehr wiedersehen würde, machte Dominik todtraurig und wütend. Stundenlang saß er in seinem Wohnzimmer, starrte auf seine

Star-Wars-Wanduhr, kraulte dabei sein dunkelblondes Ziegenbärtchen und überlegte. Er wollte den Lauf der Natur überlisten und wusste auch, wie.

Als er beim Bestattungsunternehmen das Begräbnis in Auftrag gab (sein Vater war für solche Aufgaben nicht zu gebrauchen), teilte er der jungen Mitarbeiterin auf der anderen Seite des hölzernen Schreibtisches seinen Plan mit.

»Ich habe ein paar Sonderwünsche für die Bestattung. Ich will, dass meine Mutter in einem luftdichten Metallsarg beerdigt wird. Er muss komplett verschlossen sein. Schaffen Sie das?«

Dem fragenden Blick der Bestattungsberaterin folgte kurz darauf die Frage, die kommen musste: »Warum möchten Sie das denn?«

Dominik machte eine Kunstpause und holte tief Luft, um dann nicht ohne Stolz in der Stimme zu verkünden: »Ich möchte meine Mutter zu einem späteren Zeitpunkt klonen. Und dafür darf ihr Körper nicht verwesen. Ich weiß, noch ist das nicht erlaubt bei uns, aber irgendwann wird das möglich sein.«

Der fragende Blick der jungen Frau wurde zu einem verwunderten, sie brachte nicht mehr als ein kurzes »Ajaaa« heraus und versicherte ihm, dass bei jeder Bestattung der Metallsarg beziehungsweise der Metalleinsatz in einem Holzsarg luftdicht verschlossen werde. Dominik war erleichtert und zufrieden. Möge die Macht mit ihm sein.

»Strike«

Tageslicht hatte Hans auch zu Lebzeiten nicht viel gesehen. Es fehlte ihm nicht erst jetzt, wo er in einem Lärchensarg am Friedhof lag. Wenn er nicht im Wiener Kanalsystem unterwegs gewesen war, wo er jahrzehntelang als Kanalräumer für Sauberkeit (so gut das da unten halt geht) gesorgt hatte, war er in der Bowlinghalle anzutreffen.

Der sechzigjährige Mann mit kurzem, gelocktem, grauem Haar und Goldkettchen (mit Engeln – sein Glücksbringer) hatte seinen »Sport« geliebt. Der Geruch von fettigen Pommes, der Mief aus den Schuhen, die er vor einem Spiel stets ausgeborgt hatte, und das Geräusch der fallenden Kegel waren für Hansi die perfekte Wiener Melange gewesen. Fünf Mal pro Woche hatte sich der Ur-Wiener mit seiner Bowlingpartie getroffen, um gemeinsam Jagd auf möglichst viele Strikes zu machen, also um so oft wie möglich *alle Zehne* umzuwerfen.

Seine eigenen Kugeln waren sein ganzer Stolz gewesen. Maßgeschneidert für seine etwas dickeren Finger (in den herkömmlichen Kugeln war er oft steckengeblieben) und in seiner Lieblingsfarbe grün. Nach jedem Einsatz hatte Hans seine Sportutensilien gründlich poliert, dafür nutzte er zu Hause in seiner Zweizimmerwohnung ein eigenes Reinigungsset.

Auch an jenem Tag war er gerade dabei gewesen, alles auf Hochglanz zu polieren, als er in der linken Hand plötzlich ein Kribbeln bemerkte. Einen Muskelkater sollte er als

Rechtshänder eigentlich auf der anderen Seite spüren. Komisch. Viel mehr konnte er nicht darüber nachdenken, denn schon war es vorbei. Stroke statt Strike. Ein Schlaganfall.

Für Hansis Freunde (Familie hatte er keine eigene) war einige Tage später klar gewesen: Allein durfte er nicht unter die Erde. Seine geliebten Kugeln mussten dabei sein. Zumindest eine.

Der letzte Wunsch war der Bestattung Befehl. Sargbeigaben waren schließlich nichts Ungewöhnliches, auch wenn diese doch etwas speziell war. Aus einem kleinen Holzsockel, reichlich Superkleber und viel guter Hoffnung, dass sich im Sarg nicht nur Hansi, sondern auch die Kugel nicht mehr bewegen würde, bauten die Bestattungsmitarbeiter eine Halterung. Perfekt. Neben seiner rechten Spielerhand thronte die glänzende, grüne Kugel. Deckel drauf und ab zur Trauerfeier.

Als der Sarg direkt beim Grab an die Totengräber übergeben wurde, um Hansi für seine letzte Reise auf den Versenkungsapparat zu stellen, ertönte plötzlich ein Klacken. Und dann ein sehr vertrautes Geräusch für viele: eine Bowlingkugel, die über glattes Holz glitt. Allerdings nur kurz.

Bumm. Zack.

Die runde Grabbeigabe krachte direkt gegen das Fußende des Sarges. Stille unter den Trauergästen. Dann der einzige Kommentar von Fritz, einem Bowlingfreund: »Strike!«

Bärenstark

Liselotte liebte Bären. Auf ihrem Bildschirm im Büro hatte sie als Hintergrundbild eine herumtollende Bärenfamilie auf einer saftig grünen Wiese ausgewählt. Die Aufnahme hatte sie selbst gemacht (das erzählte sie auch jenen, die es nicht wissen wollten).

Die 29-Jährige, deren Haar bis zu ihrem Hinterteil reichte, schrieb gerade ihre Diplomarbeit am Institut für Wildtierbiologie und Jagdwirtschaft zum Thema »Ausbreitungsmuster von Braunbären in den Ostalpen«. Dafür hatte sich die überzeugte Veganerin wochenlang in Kärntner Wäldern herumgetrieben, um ihre Subjekte der Begierde zu erforschen. Ihr Studium finanzierte Liselotte mit einem Nebenjob als Kundenbetreuerin in einer Druckerei. Nicht sonderlich bärig, wie die gebürtige Tirolerin fand. Doch der Stress hielt sich in Grenzen und sie konnte meist in Ruhe an ihrer Arbeit schreiben und in die Welt von Meister Petz und Co eintauchen.

Diesmal war es Familie Weber, die Liselotte schließlich aus dem Wald zurück in die Wirklichkeit holte. Der Großvater der Großindustriellen-Dynastie war gestorben. Mit 101 Jahren. In nasalem Schönbrunner Deutsch schilderte die offensichtlich mehrfach schönheitsoperierte Frau Weber, wie groß die Trauerfeier nicht sein werde und wer nicht aller kommen würde (sogar der Bürgermeister!). Liselotte hörte sich alles geduldig an, dachte dabei an die Bärenfamilie, die auf ihrem Bildschirm flimmerte, und zeigte Familie Weber alle möglichen Parten aus dem Sortiment.

Über zwei Stunden dauerte es, bis Herr und Frau Weber schließlich ihre Wahl getroffen hatten. Zumindest was das Design anbelangte. Nun ging es ans Eingemachte. Welche Namen sollten in welcher Reihenfolge am Ende der Traueranzeige stehen. Immer wieder wurde umgereiht, gestrichen und wieder ergänzt. Liselotte hatte alles mitgeschrieben und in das Programm der Druckerei geklopft. Am Ende waren die Webers zufrieden und Liselotte schickte die Vorlage zum Druck. 500 Stück wurden geordert.

Drei Tage später war Liselotte dabei, das Kapitel über das Balzverhalten der Braunbären zu schreiben, als das Telefon auf ihrem Schreibtisch läutete. Sie hatte gerade einmal Luft geholt, da brüllte Frau Weber bereits los: »Sind Sie wahnsinnig?! Wissen Sie, was Sie uns angetan haben? Wir sind das Gespött der ganzen Gesellschaft!«

Nachdem die aufgebrachte Kundin sagte, sie solle einmal einen Blick auf die Parte werfen, öffnete Liselotte das Programm und erkannte den Fehler schnell: Die Autokorrektur hatte aus Heinz und Irmgard Weber und »deren Kinder« »Bärenkinder« gemacht.

Bärenstark

Kontrolle ist besser

In Biologie hatte er nie besonders gut aufgepasst. Deshalb hatte es im Zeugnis jedes Jahr gerade einmal für ein Genügend gereicht. Immerhin. Aber dass dieser riesige Erdhaufen, vor dem er stand, nicht von einem Maulwurf stammen konnte, wusste Manfred trotz seiner Wissenslücken in Tierkunde.

Es war mittlerweile das sechzehnte Mal, dass jemand bei ein und demselben Grab Hand angelegt hatte. Verstorben 2019. Ausgebuddelt 2020. Fast wöchentlich. Denn jedes Mal brachte er oder sie die Urne wieder zurück.

Vor zehn Jahren hatte Manfred seinen Job als Detektiv an den Nagel gehängt. Zu stressig. Zu aufregend.

Als nicht einmal mehr die doppelte Dosis der vom Arzt verschriebenen Blutdruckmedikamente half, beschloss der großgewachsene Mann (beim Observieren ein kleiner Nachteil), umzusatteln. In der Zeitung hatte er eine Anzeige gelesen, dass Friedhofsarbeiter dringend gesucht werden. Frische Luft, Natur und vor allem keine Kunden. Zumindest keine Lebendigen.

Obwohl er sich geschworen hatte, seine Arbeit als Detektiv an den Nagel zu hängen, juckte es ihn nun doch in den Fingern. Wer steckte hinter den mysteriösen, nächtlichen Grabungsarbeiten? Da das Opfer schon vor längerem eines natürlichen Todes gestorben war, interessierte sich die Polizei nicht für den Fall und der Friedhofsverwaltung fehlte das Geld, um einen Detektiv zu engagieren.

Also legte Manfred eine Sondernachtschicht ein. Sein Nachtsichtgerät besaß er noch und seine graue Dienstkleidung eignete sich hervorragend, um unauffällig im Gebüsch zu lauern und zu beobachten.

Und tatsächlich. In der dritten Nacht erspähte Manfred plötzlich eine kleine Gestalt. Richtig zierlich. Ein Kind? Fast geräuschlos, wie er es einst im Detektivkurs gelernt hatte, näherte er sich. Als er nur noch wenige Meter vom Grab entfernt war, erkannte er das Gesicht. Es war eine Frau. Und er traute seinen Augen nicht. Es war die Witwe des Verstorbenen. Da er in seinem Leben noch keinen Tropfen Alkohol getrunken hatte, wusste er, dass er sich nicht einbildete, was er gerade sah.

»Entschuldigung, was machen Sie da?«, fragte er vielleicht ein wenig zu forsch. Die Frau zuckte zusammen und hätte sich vor Schreck beinahe zu ihrem Gatten legen können.

»Ich kontrolliere, ob er wirklich tot ist. Das mache ich regelmäßig. Wissen Sie, er war so ungut zu mir. Ich will sichergehen, dass er nicht zurückkommt. Wenn ich die Urne in der Hand halte, dann beruhigt mich das. Dann weiß ich, er ist wirklich weg.« Manfred hatte in seiner Detektivkarriere schon viele Personen in flagranti erwischt. So eine Situation hatte er allerdings noch nie erlebt. Wie sich später herausstellte, war die Witwe bereits etwas dement. Deshalb führte ihre senile Bettflucht sie immer wieder auf den Friedhof. Die nächtlichen Grabungsarbeiten hörten übrigens erst auf, als sie selbst das Zeitliche segnete und ihre letzte Ruhe (hoffentlich) neben ihrem Mann fand.

Väterchen Frost

Nicht einmal jetzt hatte er es schön warm. Fritzi wäre todunglücklich gewesen, hätte er noch gemerkt, wie eisig es selbst unter dieser Decke war. Tod war er bereits. Schon zu Lebzeiten hatte er Kälte gehasst, sein Job trug nicht unwesentlich dazu bei.

Als junger Bursch hatte er Einzelhandelskaufmann (also Verkäufer) gelernt und war in seinem Betrieb picken geblieben. Das Betriebsklima in dem Großhandelsmarkt war eisig. Daran waren allerdings nicht die Kolleginnen und Kollegen schuld gewesen, mit denen der hagere Mann nur wenig Kontakt pflegte, sondern sein Arbeitsplatz. Fritzi war nämlich bald nach seinem Lehrabschluss in der Tiefkühlabteilung gelandet und hatte sich dort zum »Teamleiter Tiefkühlwaren« hinaufgearbeitet. Ein eisiger Triumph. Denn Fritzi hasste die Kälte. Ständig eine rinnende Nase, die Fingerspitzen hatte er teilweise trotz dicker Handschuhe nicht gespürt und auch der Fischgeruch widerte ihn im Laufe der Jahre immer mehr an (den bekam er selbst nach der Arbeit nicht aus seiner Nase).

Doch Fritzi hatte keine großen Ambitionen gehabt. Seine Chefs waren stets zufrieden mit ihm gewesen, und so ging er als »Tiefkühlkönig«, wie seine Kollegen ihn liebevoll nannten, in Pension.

Zu Hause bei seiner Ehefrau Margit, mit der er über vierzig Jahre lang verheiratet gewesen war (sie hatten sich während ihrer Lehre in der Gemüseabteilung kennengelernt), herrschte sprichwörtlich die Hölle. Also temperaturmäßig. Die Heizungen waren selbst an Sommertagen aufgedreht und die Winterdecke wurde auch in Tropennächten nicht gegen eine Dünnere getauscht.

Es war eine solche Nacht, als Fritzi im Bett plötzlich laut zu schnaufen begonnen hatte. Immer lauter. Dann war es still. Hitzestau. Hätte er wählen können, war dies wohl die bessere Variante, als zu erfrieren.

Die Trauerfeier und das Begräbnis bestellten Margit und ihr Sohn Markus schon am nächsten Tag. Alles sollte so schlicht wie möglich sein. So wie Fritzi eben war. Doch einen Sonderwunsch hatte Margit auf dem Herzen: »Bitte, ich habe hier Fritzis Lieblingsdecke mitgebracht. Ihm war doch immer so kalt. Die muss bitte mit in den Sarg.« Während der Bestattungsmitarbeiter diesen erfüllbaren letzten Wunsch notierte, schüttelte der Sohnemann nur den Kopf. Markus hatte sich stets über die Verfrorenheit seines Vaters lustig gemacht und ihn spöttisch »Väterchen Frost« genannt. Seine Bemerkung zum Sonderwunsch seiner Mutter fiel dementsprechend zynisch aus: »Mama, gib erm a Hatzdecken a no mit. I moch da an Stromanschluss damit erm net koit is.«

Markus war übrigens Elektriker und ein Freund von schwarzem Humor.

Unfreiwilliger Maulwurf

Manuel war nicht der sportlichste Typ. In seiner aktuellen Lage Vor- und Nachteil zugleich. Die dreißig Kilogramm, die er im Lauf der letzten Jahre zu viel auf die Waage brachte (er schiebt es vor allem auf den Liebeskummer, denn die Damenwelt konnte mit seinem Job nie lang gut leben), haben den Absturz ein bisschen gedämpft. Vor allem sein gut gepolsterter Allerwertester, auf dem er vor wenigen Augenblicken gelandet war, hatte den Aufprall etwas abgefedert. Der Nachteil: Der zusätzliche Ballast auf seinem Körper und das fehlende Training machten es dem Mitte-Dreißigjährigen unmöglich, sich selbst aus seiner misslichen Lage zu befreien.

Der junge Bestattungsmitarbeiter hätte eigentlich nur die Grabstelle kontrollieren müssen, in die ein älterer Herr in Kürze zur letzten Ruhe gebettet werden sollte. Ein Familiengrab. Vier Lagen. Das heißt so tief, dass vier Särge hineinpassen. Die Erste war bereits besetzt. Die Zweite jetzt auch. Mit Manuel.

Der eigentliche Mieter dieser unterirdischen Etage war allerdings schon auf dem Weg. zwanzig Minuten würde es noch dauern, bis der Trauerzug samt Angehörigen bei der Grabstelle ankommen und wohl mit offenem Mund dastehen würde.

Mit aller Kraft versuchte Manu, wie ihn die Kollegen nannten, an der feuchten Erde hochzuklettern. Vergebens. Schon im Schulunterricht waren die Taue im Turnsaal seine Erzfeinde gewesen.

Also probierte der passionierte Dartspieler es mit Rufen.

»Hallo! Hört mich jemand! Ich bin hier unten!«, schrie er mit seiner Bassstimme aus der Tiefe heraus.

Vielleicht lag es daran, dass die Hörqualität von Friedhofsbesuchern nicht immer die beste war. Oder daran, dass seine Schreie aus dem Reich der Toten den ein oder anderen an seinem Verstand hatten zweifeln lassen. Wie auch immer. Seine Rufe blieben ungehört.

Nun hatte Manuel die Wahl. Wollte er zum Gespött der Kollegenschaft werden und sich die nächsten Monate mit der Geschichte aufziehen lassen? Oder verpasste er der Familie der Fleischhauer-Meisterin, deren Sohn hier in Kürze begraben werden sollte, den Schreck ihres Lebens und riskierte womöglich eine Beschwerde bei der Friedhofsverwaltung?

Manuel entschied sich nach kurzer Überlegung für Variante eins. Er holte das Handy aus seiner Tasche (der Empfang dort unten war erstaunlich gut) und schilderte seinem Kollegen die missliche Lage. Karl war zum Glück nicht weit weg und somit schneller als der Trauerzug. Nur wenige Minuten bevor der Tross ankam, war Manuel über eine Holzleiter hinausgeklettert. Er weiß nun definitiv: Wer anderen eine Grube gräbt …

Guten Morgen!

Die kuschelweiche, helle Decke kratzte etwas an seinen spärlichen, schwarzen Bartstoppeln, als er sie bis unter seine Nase zog. Schon lang hatte Julius nicht mehr so tief und fest geschlafen. Der 17-Jährige musste sich zu Hause mit seinem jüngeren Bruder ein Stockbett teilen. Das war aber bei weitem nicht so bequem und gemütlich wie dieses Nest aus reiner Seide, in dem er sich gerade befand und von dem er gar nicht mehr wegwollte. Bis zu einem schrillen, ohrenbetäubenden Ton, der den Schüler auf einen Schlag daran erinnerte, wo er war und wie er hier landen konnte.

Am Vortag war es für Julius spät geworden. Seinen Eltern hatte er gesagt, er sei noch mit Freunden verabredet, tatsächlich aber saß er auf einer großen Wiese mit Blick über die Stadt und kippte ein Bier nach dem anderen in sich hinein. Er wollte die Trauer über seine geliebte Großmutter wegspülen, die Bilder der Kremierungsfeier vom Vormittag aus seinem Kopf bekommen.

Erna war für den fast Erwachsenen einer der wichtigsten Menschen in seinem Leben gewesen. Schon als er ein Kleinkind gewesen war, hatte sie auf ihn aufgepasst, wenn die Eltern wieder einmal länger in der Arbeit geblieben waren. Sie hatte die spannendsten Geschichten erzählt und die besten Marillenknödel der Welt gemacht. Oma Erna war für Julius eine Art zweite Mutter gewesen. Die Vorstellung, sie nie wieder um Rat fragen oder sich in ihre dünnen Arme schließen lassen zu können, machte ihn endlos traurig.

Hier auf der großen Wiese war er hunderte Male mit seiner Großmutter und deren Hund gewesen. Hier fühlte er sich ihr nah.

Kurz vor Mitternacht sah Julius die bunten Lichter der Großstadt nur noch verschwommen und fasste einen für sich in diesem Moment ganz klaren Gedanken. Er googelte eine Adresse mit seinem Smartphone, rief per App einen Uber-Fahrer und ließ sich nach Simmering kutschieren.

Als der Fahrer weg war, packte er aus seinem Rucksack einen großen Stein, den er von der Aussichtswiese mitgenommen hatte, und schlug die Glastür des Geschäfts ein. Da hier rundherum kaum lebende Nachbarn zu Hause waren, merkte niemand etwas von seinem nächtlichen Einbruch. Er aktivierte die Taschenlampenfunktion auf seinem Handy und leuchtete quer durch die weitläufigen Räume. Doch sie war nirgendwo zu finden. Keine Spur seiner geliebten Oma Erna.

Julius war verzweifelt und todmüde zugleich. Er spürte, wie der Alkohol ihn immer mehr entkräftete und er die Augen kaum noch offenhalten konnte. Er hatte den luxuriösesten Sarg für seine Nachtruhe ausgesucht. Außen aus kostbarem Mahagoniholz, innen aus reinster Seide mit Polster, Decke und gefütterten Wänden.

Als die Bestattungsleiterin in der Früh das Geschäft aufsperrte und den Scheintoten darin liegen sah, entkam ihr ein lauter Schrei. Sie wäre vor Angst fast gestorben.

Sie war schon dabei, die Polizei zu rufen, als Julius mit weinerlicher Stimme versuchte, ihr die Situation zu erklären. Nach einem kurzen Gespräch einigten sich die beiden darauf, statt der uniformierten Beamten Julius' Mutter anzurufen. Irgendjemand musste schließlich für den Schaden aufkommen.

Nach zwanzig Minuten war Angelika da. Hätten Blicke töten können, wäre ihr Julius gleich dortgeblieben, wo er die Nacht verbracht hatte. Sie entschuldigte sich vielmals bei der Bestatterin, versicherte ihr, alles zu bezahlen, und packte ihren Sohn am Arm.

Bevor sie ging, fragte sie noch, ob sie die Öko-Urne mit Erna gleich mitnehmen könne. Doch ein weiterer Besuch würde ihr nicht erspart bleiben, denn die Urne war erst ab Mittag abholbereit.

Guten Morgen!

Hellseher

Er hatte noch nie in seinem Leben so gern und so lang auf eine weiße Wand gestarrt. Endlich hatte er das in einem goldenen Rahmen eingefasste Werk seines Vaters abhängen und im Keller verstauen können.

Seit Philipp von zu Hause aus- und in seine Wohnung eingezogen war, hing sein ausführlich ausformuliertes und mit jeder Menge Sternbildern und Planeten bebildertes Geburtshoroskop in seinem Wohnzimmer. Sein Vater bestand darauf, schließlich hatte es der stadtbekannte Astrologe extra für seinen Sohnemann erstellt.

»Andere Leute zahlen dafür viel Geld und du bist so undankbar«, hatte er stets gesagt, wenn Philipp andeutete, das astrologische Ungetüm wegräumen zu wollen. Der 44-Jährige war an einem 30. März um 14.28 Uhr geboren und somit im Sternzeichen Widder. Den Deutungen seines Vaters nach würde Mars ihn zu einem entschlossenen Mann machen, der keiner Konfrontation aus dem Weg geht.

Die fünf angefangenen (und nicht abgeschlossenen) Studien und der schwelende, unausgesprochene Konflikt mit seiner Ehefrau sprachen eine andere Sprache.

Philipp hielt nichts von Sternzeichen und hatte die Arbeit seines Vaters hinter dessen Rücken immer *Pseudowissenschaft* genannt. Nun konnte er es laut aussprechen. Denn Waldemar schaute die Gestirne seit kurzem von oben an. Oder von unten. Je nachdem, wie man es sieht. Der Planet Merkur hatte ihm ernsthafte gesundheitliche Probleme vorausgesagt (zu einem Arzt war er sein Leben lang nicht gegangen), und deshalb hatte der Astrologe bereits seine eigene Parte verfasst. Als Philipp diese beim Bestattungsinstitut zum ersten Mal sah, hörte er förmlich seinen Vater sprechen. »Kommt nicht zu meinem Begräbnis, denn ich werde nicht da sein. Ich schaue von wo anders zu«, stand da in geschwungener Schrift geschrieben.

»Typischer Eso-Scheiß«, dachte Philipp, stimmte dem Druck der Traueranzeige aber schließlich trotzdem zu.

Der Tag des Begräbnisses war ein eiskalter Novembertag. In dicke Jacken gehüllt standen Philipp, seine Mutter (die sich vor Jahren hatte scheiden lassen), seine beiden Schwestern und zahlreiche Freunde des Sternenguckers vor der Trauerhalle. Um elf Uhr sollte die Zeremonie beginnen, die ganz nach Waldemars Wünschen gestaltet werden sollte.

Es wurde elf. Fünf nach elf. Zehn nach elf. Viertel zwölf. Keine Spur vom Hauptdarsteller des Vormittags. Als um 11.30 Uhr noch immer kein Sarg in der Aufbahrungshalle war, wurden selbst die beiden lethargisch wirkenden Arrangeure nervös und begannen zu telefonieren. Gegen 11.45 Uhr kam schließlich einer von ihnen zu Philipp und sagte zerknirscht: »Es tut uns furchtbar leid, aber der Motor des Leichenwagens startet bei der Kälte nicht. Wir haben derzeit keinen Ersatz.«

Philipp konnte es nicht fassen. Er hatte es mit seiner mystischen Botschaft zwar wahrscheinlich anders gemeint, aber sein Vater hatte recht behalten.

Er war tatsächlich nicht da.

Die versammelte Trauergemeinschaft musste laut auflachen, als sie von der Autopanne hörte.

Am nächsten Tag konnte die Beerdigung stattfinden und Philipp holte sein Geburtshoroskop wieder aus dem Keller.

Grosser Bahnhof

Mit einer seiner extra dafür gekauften Pinzetten nahm er den letzten übrigen Tannenbaum und klebte ihn vorsichtig in das kitschige Winter Wonderland. Als Ernst sein fertiges Werk betrachtete, wurde ihm wohlig warm ums Herz. Und das lag nicht an den tropischen Temperaturen an diesem viel zu heißen Junitag. Nach monatelanger Arbeit hatte er die fast 25 Quadratmeter große Tiroler Berglandschaft in den Keller seines kleinen Reihenhauses gezaubert. Mit beleuchteten Hütten, weißen Wiesen und natürlich jeder Menge Berge. Per Knopfdruck startete er die Züge und ließ sie über die insgesamt sieben durch Wendel verbundenen Etagen fahren. Das authentische, wenn auch viel leisere Geräusch der kreuz und quer durch die Landschaft zuckelnden Waggons ließ den Pensionisten fast vor Stolz platzen.

So hörte er auch nicht, dass seine Gattin Mira aus der Küche zum Essen rief. Sie kannte ihren Ernst. Der Oberbaurat in Rente hatte jahrzehntelang für die Bundesbahnen gearbeitet und mehrere, wenig preisverdächtige Bahnhöfe im ganzen Land entworfen. Er war mit seinen 88 Jahren mittlerweile länger in Pension, als er je aktiv gearbeitet hatte, aber die Liebe zu Zügen war mit den Jahren immer stärker geworden.

Ein Outing war nicht notwendig. Jeder, der den hageren Mann mit dem dünnen, langen, weißen Haar kannte, wusste es. Ernst war ferrosexuell. Denn er war viel mehr als ein Eisenbahnnarr. Wenn er von Triebwägen oder Stellwerken sprach, tat er das so liebevoll, als würde er über die Kinder reden, die er nie hatte. Diese Liebe ging so weit, dass er sie sogar in seinen letzten Wünschen festhalten wollte.

Er erzählte seiner Mira nichts davon, als er einen Vorsorgetermin bei einem privaten Bestattungsunternehmen ausmachte. Er zögerte nicht lang mit seinen konkreten Vorstellungen, als ihn der wie ein Teenager aussehende Berater in sein Büro bat.

»Ich möchte bitte für mein Ende vorsorgen. Wenn ich einmal tot bin, hätte ich gern, dass meine Asche aufgeteilt wird. Ein Teil soll zu einem Stück Kohle gepresst werden und der Schmalspur-Dampflok auf meiner Lieblingsstrecke zwischen Gmünd und Groß Gerungs als Heizmittel beigemischt werden. Der andere Teil soll in der Eisenbahnsammlung des Technischen Museums beheimatet sein.«

Der junge Bestattungsmitarbeiter, der offensichtlich sehr kundig in der Materie war, hatte fast Mitleid mit seinem Kunden, doch er musste ihn ausbremsen. Er erklärte ihm die gesetzliche Lage in Österreich, die ein einfaches Verstreuen der Asche (auch in einen Heizkessel) per Strafe verbot. »Einen Teil der Asche kann man zwar entnehmen, der Hauptteil muss aber in der Urne bleiben. Und was das Museum betrifft: Das müsste eine Privatbegräbnisstätte anmelden, dann dürften wir Ihre Überreste dorthin bringen.«

Ernst war enttäuscht und ärgerte sich, dass er seine Pläne nicht wie gewünscht auf Schiene bringen konnte. Doch das war ihm dann doch zu großer Bahnhof. Er verabschiedete sich und kaufte beim Modelleisenbahnhändler seines Vertrauens kleine Kunststoffkühe für die Frühlingslandschaft.

Feuer und Flamme

Ihr rechter, knöcherner Zeigefinger war schon ganz verkrampft und begann langsam zu schmerzen. Daran konnte auch die dicke Hornhautschicht, die sich im Laufe der Jahre auf Edeltrauds Fingerkuppe gebildet hatte, nichts ändern. Er war ihr halbes Leben im Dauereinsatz gewesen.

Heute stand die großgewachsene Frau bereits seit über zwanzig Minuten im Badezimmer und sprühte das Haarspray aus der roten, glänzenden Dose in ihr auftoupiertes Haar.

Pffff. Pffff. Pffff.

In dem kleinen, lachsrosa verfliesten Raum war vor lauter Treibgas kaum noch Luft zum Atmen. Eine FFP2-Maske hätte nicht gereicht, um vor den giftigen Dämpfen zu schützen. Doch die Frisur, die mit Sicherheit für einen Teil des Ozonlochs verantwortlich war, war Edeltrauds Markenzeichen. Ihr auffälliges weißes Haar, das selbst bei einem Orkan nicht die Form verlieren würde, hatte der 72-Jährigen bei ihren Schülern sogar den Spitznamen Mozart eingebracht. Und tatsächlich konnte der ehemaligen Zeichenlehrerin eine gewisse Ähnlichkeit mit dem Musikgenie nicht abgesprochen werden.

Er sollte sie auch an diesem schweren Tag begleiten. Mit seinem Requiem. Traude musste nämlich von ihrem geliebten Gatten Abschied nehmen. Er war vor zwei Wochen am Abend eingeschlafen und in der Früh nicht mehr aufgewacht.

Ein natürlicher Tod. Möglicherweise hatte er über die Jahre zu viel Haarspray seiner Liebsten eingeatmet.

Als würde er schlafen, lag Gustav nun in einem bunt bemalten Holzsarg, den Edeltraud mit viel Acrylfarbe eigens für ihn gestaltet hatte. Davor standen jede Menge Blumen und vier große, silberne Ständer mit langen, weißen Kerzen. Der weibliche Mozart saß in der ersten Reihe, als die Musik des männlichen Mozarts zu spielen begann.

Traude weinte bitterlich. Die Wimperntusche verrann. Die Frisur hielt.

Ein letztes Mal wollte sie ihren geliebten Gustl sehen und bat den andächtig dreinschauenden Bestattungsmitarbeiter, noch einmal den Sargdeckel zu öffnen, auf den sie in kräftigen Rottönen eine Art Lagerfeuer gemalt hatte, das ihre lodernde Liebe symbolisieren sollte (was niemand erkannte). Als sie schluchzend das friedliche Gesicht ihres Mannes sah, hielt sie für einen Moment inne, dann beugte sie sich über ihn, um ihm einen letzten Kuss mit auf seine letzte Reise zu geben. Als sie die Lippen spitzte, zischte es plötzlich laut durch die gesamte Trauerhalle. Es war nicht die Leidenschaft, die noch einmal aufgeflammt war, sondern Edeltrauds Haar. Ein Funke der Trauerkerze hatte genügt, um das weiße Gebilde aus Haaren und Spray anzuzünden. Edeltraud brauchte ein wenig, um zu realisieren, was da gerade passiert war. Doch noch bevor sie einen schrillen Schrei hätte ausstoßen können, war ein geistesgegenwärtiger Arrangeur zur Stelle, nahm einen Kübel mit Wasser, der eigentlich für die Blumen vorgesehen gewesen war, und stülpte ihn der brennenden Witwe über den Kopf. Wieder zischte es und Edeltraud war gelöscht. Die Frisur der zum Glück unverletzten Frau hielt erstaunlicherweise immer noch. Es war eine Feuerbestattung, wie sie selbst die erfahrensten Friedhofsmitarbeiter niemals zuvor gesehen hatten.

Geisterstunde

»Es lebe der Zentralfriedhof«, sang schon Wolfgang Ambros in seinem legendären Hit. Und selten war diese berühmte Textzeile so zutreffend wie jedes Jahr zu Allerheiligen. Auch an diesem nebeligen Novembertag mit Nieselregen strömten Zehntausende auf den zweitgrößten Friedhof Europas, um Blumen und Kerzen zum Grab ihrer Liebsten zu bringen und sich anschließend eine Schaumrolle oder ein Langos bei einem der vielen extra aufgebauten Imbissstände vor den Toren (es hatte etwas von einem morbiden Rummelplatz) zu gönnen. Am Ende des Tages leuchtete es am Zentralfriedhof wie bei einem Ed-Sheeran-Konzert während der Nummer »Perfect«. Ein Lichtermeer für drei Millionen Tote.

Julia hatte an diesem Feiertag ihren ersten Arbeitstag. Die junge Frau mit den braunen Locken hatte bis vor kurzem als Tierpflegerin im Zoo gearbeitet. Da ihr neuer Freund Vegetarier war und ihr Job ein ständiges Streitthema, sattelte sie um und heuerte bei den Wiener Friedhöfen an. Viel frische Luft, kein Smalltalk mit Kunden und Bewegung. Die perfekte Wiener Melange. Es war 22 Uhr, als Julia und ihre erfahrene Kollegin Jutta gerade zu einer Kontrollfahrt über das riesige Gelände aufgebrochen waren. Mit einem kleinen, elektrischen Wagen (obwohl Lärm und Abgase hier eigentlich niemanden stören würden) tuckerten sie durch die unzähligen beleuchteten und bunt geschmückten Grabreihen.

Als die nächtliche Fahrgemeinschaft gerade in den historischen jüdischen Teil des Friedhofs einbog, traute Julia ihren Augen nicht. Zunächst wagte sie nicht, Jutta auf das anzusprechen, was sie soeben sah, und schob es auf die vielen Horrorfilme, die sie in letzter Zeit angesehen hatte. Als Jutta plötzlich abrupt auf die Bremse stieg und ihre Kollegin mit angsterfüllten Augen anblickte, bemerkte Julia, dass sie sich das alles nicht einbildete: Zwischen den wild bewachsenen Grabsteinen lief eine weiße Frauengestalt. Barfuß. Schreiend. Verfolgt wurde dieser »Geist« von einem großgewachsenen Mann mit schwarzer Kutte, der eine Sichel in der rechten Hand hielt. Es war wie in einem schlechten Film.

Die beiden Frauen wollten gerade möglichst leise umdrehen, um die Polizei zu rufen, da tippte jemand von hinten auf Julias Schulter. Sie wäre beinahe gestorben vor Schreck.

»Entschuldigen Sie, wir sind Filmstudenten und drehen hier einen Kurzfilm mit dem Titel ‚Die Untoten vom Zentralfriedhof'.« Nach einem erleichterten Durchatmen belehrte Jutta die Filmcrew, dass sie ihre Aufnahmen sofort beenden müssten und künftig eine Genehmigung dafür bräuchten. Julia nahm sich ab diesem Jahr jedes Jahr zu Allerheiligen frei.

»Pop«-Konzert

Wenn er tatsächlich so alt wäre, wie er sich fühlte, wäre Nikolaus noch immer 14 Jahre alt. Und das, obwohl der mittlerweile weißhaarige Mann mit den großen, blauen Augen seit langem im beruflichen Ruhestand war. In seinem Job als Trauerredner hatte er nicht viel zu lachen gehabt, zu Hause dafür umso mehr. Er war eine Art Peter Pan in Gestalt eines Pensionisten. Er liebte Comichefte, die normalerweise Kinder lesen, konnte sich stundenlang über laute Fürze amüsieren und erzählte Witze am laufenden Band. Gute und weniger Gute. Auch mit seinem Gesicht konnte der 82-Jährige sein Umfeld bei jeglichen Anlässen zum Lachen bringen. Vor allem Leute, die ihn noch nicht lang kannten, amüsierten sich köstlich darüber, wenn er begann, mit den Ohren zu wackeln, und Dumbo dabei Konkurrenz machte. Eher zum Fürchten war sein Talent, mit den Augäpfeln zu zittern. Es sah ein wenig so aus wie bei einem Monster, das einen epileptischen Anfall erleidet.

Das ungläubige Staunen beflügelte Nikolaus, den alle in seiner Familie nur Tricky Nicky nannten, stundenlang seine Künste vorzuführen und damit jegliche Aufmerksamkeit auf sich zu lenken. Er war ein Entertainer, der überall seine Bühne fand.

Obwohl Lachen angeblich die beste Medizin ist, konnte es Nikolaus trotz seines regelmäßigen Lachmuskeltrainings nicht heilen. Er litt an einer seltenen Nervenkrankheit, die ihn schon bald zum Lachen in den Keller beziehungsweise unter die Erde schicken würde. Aber Humor ist, trotzdem Späße zu machen, und so lebte Nicky bis zum Schluss nach dem Motto »The show must go on«.

Als er im Krankenhaus mit seinem Smartphone spielte (er war auch in Sachen Technik immer jung geblieben), entdeckte er auf Instagram eines der vielen lustigen Bilder, die dort regelmäßig viral gingen. Sogenannte »Memes«. Es war die Fotomontage eines alten Mannes mit erstauntem Gesicht. Darunter stand: »Das Gesicht des Mannes im Krematorium, der mich verbrennt, nachdem ich Unmengen ungepopptes Popcorn gegessen habe.«

Nikolaus musste schmunzeln und schmiedete einen Plan. Er rief beim Bestatter an (er hatte bereits selbst alles organisiert, um seiner Familie Geld und Nerven zu sparen) und fragte nach, ob es möglich sei, seinen Sarg mit Maiskörnern zu füllen. Es sollte seine letzte Showeinlage sein, wenn es im Sarg plötzlich laut ploppt und er sich binnen Sekunden mit Popcorn füllt. Ein Gag, der seine Liebsten noch einmal zum Lachen bringen sollte.

Die freundliche, aber hörbar verwunderte Mitarbeiterin klärte den ungewöhnlichen Wunsch mit ihrem Chef ab und sagte dann: »Ja, das geht in Ordnung. Ist ja ein natürliches Produkt.«

Am Tag seiner Beisetzung wurde Nikolaus mitsamt drei Kilo Maiskörnern in den Ofen des Krematoriums geschoben.

Er hatte niemandem etwas von seiner geplanten Einlage erzählt. Nur die Arrangeure der Bestattung wussten Bescheid.

Als sich der Sarg absenkte, warteten die beiden jungen Mitarbeiter erwartungsvoll auf ein lautes Poppen. Doch es passierte nichts. Der Ofen war mit über tausend Grad zu heiß, statt in Popcorn verwandelten sich die Maiskörner binnen Sekunden in Asche. Es war wohl das leiseste »Pop«-Konzert in der Geschichte.

„POP"-KONZERT

Hinten ohne

Helmut hatte ein Geheimnis: Der unscheinbare Buchhalter war ein großer Fan der Monarchie. Weder seine Freunde noch seine Kollegen wussten davon. Es war ihm peinlich, er wollte nicht ewiggestrig wirken.

Doch zu Hause (es war kein Schloss, sondern eine kleine Gemeindebauwohnung) lebte er seinen Kaiserkult in vollen Zügen aus. Er besaß Kaffeetassen mit Sisi-Antlitz, Handtücher mit aufgesticktem K&K-Emblem und eine Wanduhr, die mit einem Bild von Schloss Schönbrunn versehen war.

Mit seiner Frau Marianne spielte er einmal die Woche »Kaiser und Kaiserin«. Inspiriert von den legendären Filmen sprachen sie die platten Dialoge nach und verkleideten sich wie ihre royalen Vorbilder. Ihre Liebe zum Kaiserhaus ging sogar unter die Haut. Im wahrsten Sinne des Wortes. Zum Geburtstag (sie hatten beide am gleichen Tag) hatten sie sich tätowieren lassen. Sie das Gesicht von Franz Joseph, er das von Elisabeth. Damit die Tattoos niemand außer ihnen sehen konnte, ließen sie die bunten Porträts auf ihrem Allerwertesten anbringen. Echte Arschgesichter.

Wie bei ihren großen Vorbildern war Marianne vor ihrem »Franz«-Helmut aus dem Leben geschieden, Fieberkrampf statt Feilenstich.

Zehn Jahre lang war der hagere Mann mit Glatze (Bart und Frisur hatte er sich für seine Kaiserrolle stets aufkleben müssen) Witwer gewesen, bis er seiner Marianne nachfolgte. Schon zu Lebzeiten hatte er sich nicht an seiner Gattin sattsehen können (obwohl sie in puncto Schönheit wenig mit Elisabeth gemeinsam gehabt hatte), weshalb Helmut noch vor seinem Tod beim Notar verfügte, dass er auf dem Bauch liegend bestattet werden wollte. Im Familiengrab hatte er so freie Sicht auf seine Sisi. Zumindest theoretisch.

Am Tag der Trauerfeier für Helmut waren viele gekommen. Seine Mutter, die nach wie vor lebte, seine drei Geschwister, Kolleginnen und Kollegen und einige Freunde aus seinem Schachklub. Wie vor Begräbnissen üblich, kontrollierte der Arrangeur der Bestattung noch den Sarg, bevor er aufgebahrt wurde. Davonlaufen konnten die Betroffenen zwar selten, aber sicher ist sicher. Als der erfahrene Mitarbeiter den Deckel öffnete, staunte er nicht schlecht, als ihn die Kaiserin von Österreich anstarrte, mit stoischem Blick. Das Totenhemd, das Helmut trug, war hinten offen. Da er wie gewünscht verkehrt herum lag, war er hinten und unten ohne. Der Arrangeur hatte nichts von dem Sonderwunsch gewusst. Nachdem er sich vergewissern konnte, dass alles seine Richtigkeit hatte, musste er den Trauernden einen letzten Blick in den Sarg verwehren. Und so nahm Helmut sein kaiserliches Geheimnis mit ins Grab. Allerdings auf den Friedhof Kagran und nicht in die Kapuzinergruft.

Roher Diamant

Im Licht der neuen Schreibtischlampe waren die unzähligen Fingerabdrücke noch deutlicher zu sehen. Sie überzogen den medizinballgroßen Globus mit einer dünnen, glänzenden Fettschicht. Zu oft hatte Joachim damit sein großes »Welt-Experiment«, wie er es nannte, geprobt. Seit vier Jahrzehnten tüftelte er in seinem kleinen Gartenhäuschen daran, was passieren würde, wenn alle 7,753 Milliarden Menschen auf der Welt gleichzeitig in dieselbe Richtung springen würden. Seiner Meinung nach wäre es die Lösung für viele Probleme auf der Erde, inklusive der Klimakrise. Denn laut Joachims Berechnungen (er hatte das Mathematikstudium nach dem zweiten Semester beendet) würde sich durch einen kollektiven Sprung im selben Moment die Erde derart drehen, dass auf jedem Weltviertel ständig die gleiche Jahreszeit herrschen würde. Für die einen immer Frühling, für andere ewiger Winter. Gletscher könnten nicht mehr schmelzen und Naturkatastrophen würden künftige Generationen nur noch aus Büchern und Internetvideos kennen. Das war zumindest seine Theorie, die er auf tausenden Seiten Papier handschriftlich notiert und feinsäuberlich in Ordnern abgelegt hatte. Dass diese Rechnung von zahlreichen namhaften Wissenschaftlern bereits eindeutig widerlegt werden konnte, störte den kleinen Mann mit der Halbglatze nicht. Er hielt sich und sein Lebenswerk für brillant. Wenig überraschend eigentlich, dass er als Diamant in die Geschichte eingehen wollte.

Seit Joachim vor kurzem die Werbung eines Bestattungsunternehmens gesehen hatte, das aus Asche einen Edelstein machen konnte, ließ ihn diese Idee nicht mehr los. Da der Eigenbrötler niemanden hatte, der ihm später einmal seinen letzten Wunsch erfüllen würde, musste er seinen eigenen Abschied selbst planen.

Bestattungsvorsorge. Bei dem Termin eine Woche darauf blätterte er den Katalog mit den unterschiedlichen Ausführungen durch. Am Ende entschied er sich für die Luxusvariante. Ein Einkaräter für 15.000 Euro. Er wollte eben auch im Tod noch glänzen.

Doch das reichte ihm nicht. Als es um die Sonderwünsche im Vorsorgevertrag ging, erklärte Joachim der überraschten Mitarbeiterin: »Ich habe zwar noch nie ein Buch geschrieben, aber ich werde vor meinem Ableben noch meine Autobiografie verfassen. Aufgrund meines enormen Wissens wird diese zum Bestseller werden. Deshalb möchte ich verfügen, dass der Diamant später einmal in ein Sonderexemplar dieses Werkes eingefasst wird und für immer in der Wiener Hauptbücherei aufgestellt der Öffentlichkeit zugänglich sein soll.«

Stille.

»Verrückt«, dachte die Bestattungsmitarbeiterin. Dabei hatte er von seiner Erd-Sprung-Idee noch gar nicht erzählt.

Verbotener Reiseproviant

Vor lauter Aufregung fiel ihr gleich zwei Mal die knallorange Plastikhülle mit den Reisepässen auf den klebrigen Boden des Flughafens in Moskau. Astrid hatte diesen für sie so wichtigen Städtetrip sorgfältig geplant und wollte nichts dem Zufall überlassen. Diese Nervosität machte sich jetzt, kurz nach der Landung, so richtig bemerkbar.

Als sie dem grimmigen Grenzpolizisten in seiner kleinen Glaskajüte ihre Dokumente und die ihrer insgesamt elf Mitreisenden zeigte, war sie erleichtert. Geschafft. Der Flug hatte keine Verspätung gehabt, weder ihre drei Kinder noch ein anderes Mitglied der Familie hatte sich übergeben und Streit gab es an Bord zum Glück auch keinen. Jetzt musste nur noch das Gepäck ankommen.

Zu oft hatte die 47-jährige Frau, die selbst Flugbegleiterin war, mitbekommen, welche Umwege Koffer und Taschen auf weiten Reisen oft nahmen. Das durfte diesmal nicht passieren. Es wäre eine Katastrophe. Denn in ihren riesigen Hartschalenkoffer in silbermetallic hatte Astrid alles eingepackt, was sie für den denkwürdigen nächsten Tag benötigen würde. Sie hatte sich dafür in ihrer Lieblingsboutique extra neu eingekleidet. Das kleine, sündteure Schwarze wartete liebevoll zusammengelegt darauf, das erste Mal getragen zu werden. Und auch jede Menge andere Utensilien für die große Zusammenkunft, bei der über hundert Leute erwartet wurden, hatte die hübsche Blondine in ihrem Gepäck. Die Nervosität von vorhin kehrte zurück.

Umso größer war die Erleichterung kurz darauf, als ihr Koffer auf dem quietschenden Förderband auf sie zusteuerte. Jetzt konnte nichts mehr schiefgehen.

Als die gesamte Sippe aufgeteilt auf drei Taxis auf dem Weg ins Hotel war, läutete Astrids Handy. Kurz überlegte sie, ob sie aufgrund der teuren Roaminggebühren überhaupt abheben sollte, doch die Neugierde siegte. »Außerdem könnte es etwas Wichtiges wegen morgen sein«, dachte sie, als sie auf das grüne Symbol ihres Smartphones drückte.

»Es tut mir wahnsinnig leid, aber Ihr Mann landet erst mit dem nächsten Flieger«, sagte die freundliche, aber offensichtlich betroffene Stimme. Astrid spürte, wie ihr Puls sich plötzlich beschleunigte. »Das darf doch nicht wahr sein! Ich habe doch gesehen, wie er an Bord gekommen ist«, rief sie fassungslos.

»Beim Sicherheitsscan haben wir festgestellt, dass Ihr Mann eine Flasche Wodka dabeihatte. Das ist leider verboten«, antwortete die Angestellte des Wiener Flughafens. In dieser Hinsicht machten die Fluglinien zwischen lebenden und toten Passagieren keinen Unterschied.

»Das war sein Reiseproviant. Er hat doch den Wodka so gerngehabt«, sagte die Frau, die zwanzig Jahre lang mit ihrer großen Liebe, dem Russen Igor, verheiratet gewesen war.

»Es tut uns leid. Aber die Kollegen mussten den Sarg auflöten und Ihren Mann in einen neuen Metalleinsatz umbetten. Er kommt mit der nächsten Maschine.«

Astrid war fassungslos und wusste nicht, was sie tun sollte. Aus Verlegenheit öffnete sie ihre Mappe mit den Dokumenten und blätterte alle Seiten durch. Den internationalen Leichenpass, das Balsamierungsprotokoll, das Versargungsprotokoll und die Sterbeurkunde. Aus ihrer Handtasche nahm sie ihren Flachmann, trank einen kräftigen Schluck Wodka und rief den Moskauer Bestatter an, um die Beisetzung um einen Tag zu verschieben.

Feuchter Albtraum

Nur das flackernde Licht seines Benzinfeuerzeuges erhellte sein verschwitztes, verzweifeltes Gesicht, während er mit beiden Fäusten gegen das Innere der Holzkiste klopfte. Gerade einmal zwei Meter lang und einen halben Meter hoch war das Gefängnis, in dem Paul unter dem Wüstensand des Irak vergraben lag, nachdem der Lkw-Fahrer überfallen und bewusstlos geschlagen worden war.

Sabrina spürte die von dem Hollywoodstar perfekt gespielte Verzweiflung, als sie mit ihrer besten Freundin den viel gelobten Streifen »Buried – Lebend begraben« in ihrem Lieblingskino ansah. Nichts für schwache Nerven. Stellenweise hielt sie sich sogar ihre Hände vor die Augen, weil sie die Spannung nicht mehr aushielt, ob der Feschak (wäre ja schade um ihn) da heil wieder rauskam oder nicht.

Zuvor hatte sich die ausgebildete Heilmasseurin nur wenige Gedanken darüber gemacht, doch auch Tage nachdem sie den Film gesehen hatte, ließ sie der Gedanke, einmal lebendig begraben zu werden, nicht los. Sie hatte mit ihren 39 Jahren hoffentlich noch genügend Zeit bis dahin, doch schon jetzt recherchierte die sportliche Dackelbesitzerin alles zu diesem Thema. Sie fand schnell heraus, dass diese Angst sogar einen eigenen Namen trug: Taphephobie.

Je mehr Horrorgeschichten von angeblichen Betroffenen aus aller Welt sie darüber las und je länger sie sich mit anderen in diversen Internetforen austauschte, desto mehr wuchs die Taphephobikerin in ihr.

Ihre Angst artikulierte sie schließlich mittels eines Briefes, mit dem sie vorsorgen wollte.

»An die Bestattung, an wen sonst«, dachte sie, als sie ein kariertes A4-Blatt von ihrem Block abriss und zu schreiben begann.

»Liebe Bestattung. Mein Name ist Sabrina, ich bin 39 Jahre alt und komme aus Wien. Ich habe folgende Angst: TAPHEPHOBIE. Die Angst, lebendig begraben zu werden. Wäre es deshalb bitte möglich, dass ich, nachdem ich gestorben bin, NICHT in einem Sarg bestattet werde? OK, mein Wunsch ist vielleicht ein bisschen ungewöhnlich, aber ich bin nicht so ein Mensch, der meint, nach dem Tod sei alles aus. Außerdem weiß ja niemand, ob ich wirklich gestorben bin. Welche Möglichkeiten gäbe es denn da? Liebe Grüße Sabrina«

Ihren Nachnamen nannte sie nicht. Die Anfrage war ihr ein wenig peinlich, doch sie konnte nicht aus ihrer Haut. Als Kontaktmöglichkeit richtete sie bei einem Internetanbieter eine eigene E-Mail-Adresse ein: burried@gmx.at. Eine Woche später kam neben zahlreichen Spamnachrichten tatsächlich die Antwort eines Bestattungsmitarbeiters, mit der Einladung zu einem Beratungsgespräch. Sabrina zögerte erst, sagte dann aber zu. Sie wollte das Thema aus ihrem Leben streichen.

Drei Tage später saß die junge Frau im Wartebereich des Servicecenters, spielte mit ihrer Traumfängerkette und wartete auf den Termin. Pünktlich erschien der Berater, bat die nervöse Kundin, Platz zu nehmen, und kam gleich zum Punkt.

»Sie müssen keine Angst haben, bei uns in Österreich lebendig begraben zu werden. Bei uns gibt es bei jeder verstorbenen Person die sogenannte Totenbeschau. Ein Arzt kontrolliert, ob jemand wirklich tot ist oder nicht. Da kann nichts passieren«, versuchte er Sabrina, die unruhig auf dem Sessel herumrutschte, die Angst zu nehmen. Es war ein langes und angeregtes Gespräch, in dem der erfahrene Bestatter dann auch einen todsicheren Vorschlag machte, um ihre Sorgen auszuräumen: »Sie hätten natürlich auch die Möglichkeit einer Feuerbestattung. Danach wird niemand mehr lebendig begraben«, sagte er nicht ohne Ironie in der Stimme. Sabrina lehnte das strikt ab. »Nein. Nein. Da ersticke ich lieber, bevor ich verbrenne. Feucht ist mir lieber als heiß.«

Der Gigant

Walpurga war eine lustige Witwe. Seit ihr Mann vor etwas mehr als zehn Jahren gestorben war, genoss die kugelrunde und stets gut gekleidete Frau ihr Leben und das Erbe, das ihr der erfolgreiche Schönheitschirurg hinterlassen hatte. Die riesige, lila gestrichene Villa am Stadtrand von Wien (mit weißen Gipslöwen vor dem Eingang) hätte sich Wally mit zehn Anderen teilen können und es wäre noch immer genug Platz für jeden gewesen.

Doch ihr einziger Mitbewohner war Willy. Ein Roborowksy-Zwerghamster, der kleinste und schnellste seiner Art. Für ihn hatte die Mitte-Siebzigjährige große Teile des Hauses umbauen lassen, damit er gefahrlos seinem Bewegungsdrang nachkommen konnte. Ein goldener Käfig, im wahrsten Sinne des Wortes. Mit Willy besprach Wally ihre Sorgen. Willy wurde (gegen seinen Willen) mit der Zahnbürste gestreichelt. Und Willy wurde sogar auf Reisen mitgenommen, bis seine Reise auf Erden zu Ende war. Wally hatte bereits das dritte Glas Cognac aus einem ihrer Kristallgläser getrunken, als sie sich mit einem großen »Rumms« auf ihren dunkelgrünen Ledersessel fallen ließ, auf dem es sich leider gerade Willy gemütlich gemacht hatte.

Die nun doppelte Witwe war untröstlich. Nach ihrem Mann musste sie nun auch ihren geliebten Willy begraben. Wie zu Lebzeiten behandelte Wally ihren Hamster auch nach dem Tod wie einen Menschen. Beim Bestattungsinstitut (das auch Tierbestattungen anbot) in ihrer Nähe plante sie

DER GIGANT

eine große Trauerfeier. Mit Gästeliste, aufwändigen Blumengestecken und sogar einem Trauerbild (Willy auf einem Salatblatt). Selbst den lokalen Fernsehsender hatte Wally eingeladen, um über den großen Verlust zu berichten, und tatsächlich schickte die Redaktion ein Kamerateam, um eine Reportage über Tierbestattungen zu drehen.

Nach einem kurzen Trauerzug von der Trauerhalle zur Beisetzungsstelle blickte Wally mit Tränen in den Augen auf die faustgroße Urne. Mit viel Selbstmitleid und Selbstvorwürfen in der Stimme begann sie, ihre vorbereitete Rede vorzulesen, die sie zu Hause mit ihrer Füllfeder aufgeschrieben hatte.

Sie holte tief Luft und setzte an: »Willy«, danach machte sie eine lange Pause, »du warst ein Gigant«. In diesem Moment konnten sich weder die Bestattungsmitarbeiter (die wegen des hohen Aufwands in großer Besetzung anwesend waren), noch die Redakteurin und ihr Kameramann halten, mit unterschiedlichem Erfolg kämpften sie gegen das Schmunzeln an, wobei sie ihre Mundwinkel kaum gerade halten konnten. Wally bemerkte das in ihrer Trauer zum Glück nicht und ließ ihren toten Hamster fast eine halbe Stunde lang hochleben.

Voller Stolz verfolgte sie am Abend den Bericht über die tierische Trauerfeier. Die »gigantische« Passage samt Schmunzelanfall zeigte der Sender übrigens nicht.

Sally

So zärtlich, als würde er ihr über den Rücken streicheln, wischte Branko mit seinem behaarten Handrücken die Schneehaube von ihrer kleinen Stupsnase aus Stein. Seit Sallys Tod kam der pensionierte Straßenbahnfahrer täglich zwei Mal zu dem imposanten Mausoleum, das er für die Liebe seines Lebens hatte errichten lassen. An diesem verschneiten Novembertag sah die Gedenkstätte aus schwarzem Marmor besonders eindrucksvoll aus. Vier Säulen trugen ein schweres Dach. Davor stand eine kleine Skulptur von Sally. Sie war eine echte Schönheit gewesen.

Wie jeden Tag klappte Branko seinen Klappstuhl auf, hüllte sich in eine mitgebrachte Decke, öffnete seine Thermoskanne mit Früchtetee (und Rum) und teilte das heiße Getränk auf zwei Tassen auf.

»Für dich, mein Schatz. Damit du nicht frierst«, sagte er liebevoll und stellte eines der dampfenden Häferl zu Sally. Stundenlang unterhielt sich Branko bei seinen täglichen Besuchen mit seinem Schatz. Er erzählte ihr von seinen Sorgen, berichtete vom neuesten Klatsch in der Nachbarschaft und musste ihr leider auch immer wieder mitteilen, welche ihrer guten Freundinnen und Freunde mittlerweile ebenso verstorben waren.

Es waren viele. Doch Branko versuchte, sich an die schönen Dinge ihres gemeinsamen Lebens zu erinnern. Die zahlreichen Urlaube an ihrem Lieblingssee in Ungarn zum Beispiel. Seit Sallys Tod hatte es der großgewachsene Mann nicht mehr geschafft, dorthin zu reisen. Und auch die vielen gemeinsamen Stunden im Bett, eng aneinander gekuschelt, holte sich Branko vor sein geistiges Auge, während er mit einem Taschentuch seine rinnende Nase abtupfte (die Kälte).

365 Tage im Jahr, zwei Mal täglich, kam er auf den Friedhof, um seiner Sally ganz nah zu sein. Es gab keine Ausnahme. Weder das Wetter noch ein spannendes Fußballmatch konnten diesem Ritual je im Weg stehen.

Neun Jahre lang.

Bis Brankos gebrochenes Herz aufhörte zu schlagen. So sehr hätte er sich gewünscht, auch im Tod mit seiner einst friedhofsblonden Partnerin vereint zu sein. Schließlich hatte er die Grabnutzungsrechte für das Mausoleum auf vierzig Jahre abgeschlossen. Doch ihm war schon zu Lebzeiten schmerzlich bewusst gewesen, dass er nicht hier würde bestattet werden können. Platz wäre zwar mehr als genug gewesen, und auch das Geld hätte für Branko keine Rolle gespielt, doch es war leider unmöglich. Die Friedhofsverwaltung hatte ihn vor seinem Tod mehrmals schriftlich darauf hingewiesen, dass er in einem anderen Grab bestattet werden müsse. Der Tierfriedhof war, wie der Name schon sagt, ausschließlich für Tiere gedacht. So wie für die Pekinesendame Sally, die 17 Jahre lang an Brankos Seite gelebt hatte.

Pariser Spitz

Als sein Blick über die zahlreichen Besteckteile aus hochpoliertem Silber schweifte, stoppte er plötzlich bei seinen Händen, die er artig in den Schoß gelegt hatte, und merkte, dass er noch Erde unter den Nägeln hatte. Das ärgerte ihn.

Vor drei Stunden hatte Jean-Luc noch die prächtigen Rosenhecken im Vorgarten der Botschaft gedüngt, die nicht nur bei Touristen ein beliebtes Fotomotiv waren. Seine grüne Latzhose hatte der Gärtner, der aus Paris stammte und seit über vier Jahrzehnten für die französische Botschaft in Wien arbeitete, gegen ein wesentlich unbequemeres Kleidungsstück getauscht: Bei einem Kostümverleih hatte er sich einen Smoking ausgeliehen. Seine wenigen Haare hatte er mit ein bisschen Spucke zurückgekämmt und sein bestes Rasierwasser aufgelegt. Dass er auf die schmutzigen Nägel vergessen hatte, war ihm besonders peinlich, als die Witwe des Botschafters ihr Glas erhob, um auf ihren verstorbenen Mann anzustoßen.

Sie war es, die Jean-Luc zu diesem speziellen Leichenschmaus vor der Beerdigung eingeladen hatte. Es war das erste Mal in seiner Botschaftskarriere, dass der kleine Mann mit dem großen grünen Daumen an einem derart festlichen Essen in den prunkvollen Hallen seines Arbeitsplatzes teilnehmen durfte. Gereicht wurden französische Spezialitäten, so weit das Auge reichte. Hummer in Weißweinsauce mit Zitronensenf. Boeuf bourguignon mit Piment d'Espelette. Und einen klassischen Cassoulet. Dieser Bohneneintopf mit

Speck, gepökeltem Schweinefleisch und Würstel war die Leibspeise der verblichenen Exzellenz gewesen und wurde zu seinen Ehren gereicht.

Jean-Luc langte kräftig zu. Seine Gastgeberin, die aufgrund ihres großen Botanik-Interesses ein großer Fan von ihm war, ermutigte ihn, zwei Mal nachzunehmen. Eine Aufforderung, der er gern nachkam. Auch sein Champagnerglas füllte sich wie durch Zauberhand mehrfach an diesem Vormittag.

Dabei hatte der 61-Jährige seit Jahren keinen Alkohol mehr getrunken. Doch das Pflichtgefühl dieser hochkarätigen Gesellschaft gegenüber beendete diese Abstinenz. Nachdem Jean-Luc auch noch die herrliche Crème brûlée ausgelöffelt hatte, ging es für ihn und die restliche Tischgesellschaft nach einer kurzen Mittagspause ab zum Friedhof.

Für 15 Uhr war die Trauerfeier für den Botschafter angesetzt. Die Trauerhalle war bis auf den letzten Platz gefüllt, genauso wie die Mägen der meisten Trauergäste. Als Jean-Luc auf seinem Sessel in der vorletzten Reihe Platz nahm, spürte er, wie der ungewohnte Alkohol in seinen Kopf stieg. Und auch ein paar Etagen unterhalb rumorte es gewaltig. Der Eintopf und all seine Zutaten feierten eine wilde Party in seinem Darm und verwandelten ihn in eine kleine Gasfabrik.

»Nur nicht jetzt«, dachte er, als der Priester den berühmten Satz sprach: »Wir gedenken in Stille.« Doch genau in diesen Moment der Stille hinein entkam dem satten Gärtner ein leider nicht sehr leiser Wind.

»Un Pet«, wie der Franzose sagen würde.

Die gesamte Trauergemeinde drehte sich in derselben Sekunde in seine Richtung. Jean-Luc sagte nur: »Excusez l'explosion«, senkte den Kopf und starrte auf seine schmutzigen Fingernägel.

Prunkstück

Wenn er Luft holte, hörte es sich mittlerweile fast so an wie das Sprudeln in seinem goldverzierten Whirlpool. Kein Wunder. Wickerl hatte seiner Lunge fünf Jahrzehnte lang mindestens zehn Zigarren pro Tag zugeführt. Es war sein Lifestyle. Als einer der Rotlichtkönige von Wien gehörten die Havannas genauso zu seinem Leben wie leicht bekleidete Damen, rote Plüschmöbel und gelegentliche Konflikte mit der Polizei.

Zum Arzt ging der untersetzte Mann mit Schnauzbart, der meist glänzende (und zu enge) Sakkos trug, schon lang nicht mehr. Doch auch ohne Attest wusste er, dass seine Luft bald dünn werden würde. Ob Lungenkrebs oder eine andere Krankheit, er wollte es nicht so genau wissen.

Auch die Überredungsversuche seiner mittlerweile achten Ehefrau Illiana, sich doch behandeln zu lassen, prustete Wickerl mit einem heiseren »aber geh« vom Tisch. Ein Testament zugunsten der jungen Slowakin, die bis vor einem Jahr Mitarbeiterin in seinem Klub »Barbados« gewesen war, hatte er bereits aufgesetzt. Der Notar besaß schon einen ganzen Ordner voller Änderungen.

Doch Wickerl wollte seiner Illiana noch einen anderen bleibenden Eindruck hinterlassen: einen Abdruck seines besten Stückes. Gut, es war nicht besonders groß, aber formschön, wie Wickerl fand.

Ein Stammkunde hatte ihm von einem Thanatopraktiker (den Namen konnte er bis zum Schluss nicht aussprechen) der Bestattung erzählt. Ein Künstler, der Verstorbene quasi lebendig machte und auch Totenmasken anfertigen konnte. Das war sein Mann. Ob Gesicht oder ein paar Etagen weiter unten musste doch schließlich egal sein.

Also griff Wickerl zu seinem altmodischen Handy (mit Smartphones kannte er sich nicht aus), rief bei der Bestattung an und verlangte nach dem »Tantrapraktiker«. Als der Mitarbeiterin am anderen Ende der Leitung endlich klar war, wohin Wickerl wollte, fragte sie ihn nach seinem Begehr.

»Schauen Sie, Gnädigste. Ich bin da Wickerl, Sie ham vielleicht schon von mir ghört. Ich hab nimma lang zum leben und möchte meiner Holden deshalb ein Abschiedsgeschenk machen. Ich würd meinen Beidl gern bei euch eingipsen lassen und den Abdruck dann als Schmuckstück bei mir zaus in die Vitrin stellen. Damit die Illiana mich ... ähm uns ... nicht vergisst.«

Stille.

Die Mitarbeiterin holte tief Luft, um nicht laut loszulachen, und verwehrte Wickerl anschließend höflich, aber bestimmt seinen Wunsch.

»Herr Wickerl, es tut mir leid, aber das können wir aus Pietätsgründen nicht machen. Bei uns werden nur Verstorbene versorgt.«

Ehe Wickerl noch ein »wissen Sie nicht wer ich bin« hinterherschießen konnte, war das Telefonat auch schon beendet. Wenn auch nicht als Phallus in der Vitrine, bei der Bestattung hatte er einen bleibenden Eindruck hinterlassen.

Maßgeschneidert

Giancarlo liebte Fußball. Allerdings nur, wenn andere dem runden Leder nachjagten. Schon als kleiner Bub hatte er in seiner italienischen Heimatstadt in der Toskana lieber vom Spielfeldrand aus zugeschaut und seine Schulkameraden mit guten Tipps und Anleitungen für den nächsten Spielzug versorgt. Das machte ihn nicht unbedingt zum Beliebtesten aller Mitschüler.

Auch als Trainer einer Wiener Landesligamannschaft waren Giancarlo viele Jahre später die Herzen nicht reihenweise zugeflogen (er ist wegen der Amore zu einer Wienerin in die Stadt gezogen). Er war streng, hart und manchmal ungerecht. Unterzuckerung kann an seinen Launen nicht schuld gewesen sein, denn egal ob auf der Trainerbank, in der Garderobe oder nach dem Spiel beim Feiern, Giancarlo hatte immer eine Packung Lakritzschnecken bei sich gehabt. Dieses süße Gummizeug hatte er schon mit seinem ersten Taschengeld in Italien gekauft. Und das behielt er zeit seines Lebens bei.

Mittlerweile war Giancarlo 82 geworden, sein Bauch ähnelte optisch einem Fußball und sein Sport fand inzwischen nur noch auf dem WC statt. Dort saß er stundenlang und las die »Gazetto dello Sport«. Eine riesige, rosafarbene italienische Sportzeitung, die Stoff für etliche »Sitzungen« gab. Ob es die schlechten Ergebnisse seines Lieblingsklubs waren oder die eine Lakritzschnecke zu viel: Es sollte Giancarlos letzter (Stuhl-)Gang sein.

Plötzlicher Herztod. Direkt vom stillen Örtchen in den ewigen Schlaf.

Die letzte Ruhe sollte der Ex-Trainer in Italien finden (zu Hause ist's halt doch am schönsten). Giancarlos Schwester Barbara hatte alles organisiert und auch den Aufpreis für den Sarg in Übergröße bezahlt. In einen Normalen hätte ihr Bruder mit seinen 150 Kilogramm nicht mehr gepasst.

Am Tag der Trauerfeier war die ganze »Famiglia« vereint. Großes italienisches Drama. Lautes Weinen, viel verronnene Wimperntusche, aber alle im perfekt gestylten Traueroutfit. Das Grande Finale der Zeremonie stand kurz bevor.

Der Sarg samt Giancarlo sollte wie in Italien oft üblich in einer Mauernische beigesetzt werden. Also nicht unter, sondern über der Erde. Doch schon nach wenigen Sekunden war klar: Das geht sich nicht aus. Der XXL-Sarg war zu breit und vor allem zu lang. Zuerst großes Staunen, dann lautes, italienisches Lachen.

So ging die Beisetzung eben in die Verlängerung. Nur gut, dass der Bestatter hauptberuflich Tischler war und den Sarg (nicht den Inhalt) binnen zwanzig Minuten so zurechtzimmerte, dass Giancarlo doch noch in die Nische passte. Es kommt manchmal eben doch auf die Länge an ... oder auf die Breite.

Letzter Schluck

»Man bringe den Spritzwein.« Dieser legendäre Spruch des ehemaligen Wiener Bürgermeisters Michael Häupl könnte auch von Heinz stammen. Denn genau wie der frühere Stadtchef liebte der großgewachsene Aufzugsmonteur das Mischgetränk aus Sodawasser und Weißwein. Weißen Spritzer trank er zu jeder möglichen und unmöglichen Gelegenheit. Zum Anstoßen beim Geburtstag seiner drei Söhne, in der Mittagspause nach einer Montage oder auch als Durstlöscher nach einer Ausfahrt mit dem E-Bike. Es war sein flüssiges Lebenselixier.

Dass Heinz, der seit seiner Jugend ein Goldkettchen mit Schutzengel um den Hals trug, ein latentes Alkoholproblem hatte, stritt er stets ab und meinte: »Es ist ja nur Wasser mit ein bisschen Wein. Sonst schmeckt's ja nach nix!«

Seine Leber konnte er mit dieser Ausrede nicht beeindrucken. Sie litt lange Zeit leise und gab schließlich auf. Der Lift des Lebens hatte Heinz unter die Erde geführt.

Zur Trauerfeier waren zahlreiche Gäste gekommen. Kolleginnen und Kollegen, seine große Familie und auch gute Freunde, die Heinz und Gabi einst im Italien-Urlaub (bei Spritzer) kennengelernt hatten. Jeder und jede hier wusste um die große Lebensliebe des gebürtigen Wieners und hatte dementsprechend vorgesorgt. Als die Urne mit Heinz' Überresten vorsichtig in das kleine Loch gelassen wurde, holten sämtliche Gäste eine Dopplerflasche Weißen Spritzer aus ihren Taschen und Rucksäcken.

Letzter Schluck
Wei

Zisch. Die Schraubverschlüsse wurden geöffnet, die Runde stieß an und jeder trank einen Schluck. Der große Rest sollte für Heinz sein. Einer nach dem anderen ging zu dem ausgehobenen Grab, verbeugte sich andächtig und kippte den Inhalt der Flasche auf die beige Urne aus Maisstärke. »Auf dich mein Lieber«, »Prost Heinz!«, »Lass es dir schmecken«. Mit solchen und ähnlichen Worten verabschiedeten sich alle vom ungekrönten Wiener »Spritzerkönig«.

Richtigen Durst hatte keiner der Trauergäste. Denn das Begräbnis fand an einem eiskalten Novembertag statt, an dem einem eher nach heißem Tee (oder Punsch) war als nach Spritzwein. Seit Tagen hatte es Minustemperaturen und der Boden war hart durchgefroren. Die Spritzerdusche für den toten Heinzi konnte deshalb nicht abfließen und so staute sich das Alkohol-Soda-Gemisch immer weiter in dem kleinen Erdloch auf, bis die Urne plötzlich zu schwimmen begann und wie ein morbides Segelboot hin- und herschipperte. Als Heinz' Schwiegertochter Tamara das bemerkte, musste sie kurz lachen und rief: »Schwimmen im Spritzwein. Jetzt hat er sich seinen Lebenstraum noch im Tod erfüllt.«

Kuschelmonster

Vor allem für die älteren Nachbarn in der biederen Reihenhaussiedlung am Stadtrand von Wien hörte es sich wohl an wie Teppichklopfen, wenn sie ihm mit ihrer schwarzen Lederrute den blassen Hintern versohlte. Einmal pro Tag verwandelte sich die hauptberufliche Vorstandsassistentin Vanessa in *Contessa Vanessa*. So musste ihr Ehemann Rudolf sie nennen, wenn sie ihn in einem ihrer engen Ganzkörperanzüge aus Leder züchtigte. Mindestens drei Mal die Woche wurde das Kinderzimmer, das auch nach jahrelangen Versuchen der beiden leer stand, in eine Sadomaso-Kammer umfunktioniert. Sie war die Domina. Er ihr Sklave.

In einem solchen Rollenspiel hatten sie sich vor zehn Jahren auch kennengelernt. Rudi, der als Geschäftsführer eines großen Autohauses ständig Entscheidungen treffen und seine Mitarbeiter führen musste, hatte nach einem Ort gesucht, an dem er die Kontrolle völlig abgeben konnte. Er fand ihn bei Contessa Vanessa, die damals noch in einem kleinen Kellerlokal ein eigenes Studio betrieben hatte. Ganz entgegen dem inoffiziellen, internationalen Domina-Kodex, sich nicht mit den Kunden privat zu treffen, tat es die damals 23-Jährige trotzdem.

Ein paar Dates und kräftige Peitschenhiebe später waren die beiden ein Paar und heirateten. Das war vor vierzig Jahren. Es war eine schöne Zeit gewesen und doch eine unbefriedigende. Zumindest für Vanessa. Denn so hart sie ihren Rudi in ihrer Rolle als Domina (er war mittlerweile ihr einziger Zögling) behandelte, so sehr sehnte sie sich nach Zärtlichkeit. Einfach einmal Händchen halten. Kuscheln, eng umschlungen einschlafen. Eine Sehnsucht, die ihr verwehrt blieb. Denn ihr Rudolf wehrte sich förmlich gegen jede Art der körperlichen Zuneigung.

Als sie das Thema nach vielen Jahren einmal gemeinsam mit einem Paartherapeuten besprochen hatten, attestierte dieser dem bulligen Mann mit der markanten Zahnlücke ein Nähe-Distanz-Problem. Verankert vermutlich in der Kindheit. Ihre Versuche, ihn doch noch zum Kuschelmonster zu machen, scheiterten bis zuletzt.

Nun war es zu spät. Während einer »Session« hatte Rudi plötzlich zu Röcheln begonnen, und als Vanessa merkte, dass es keine Laute der Erregung waren, sondern sein körperlicher Abgesang, war es schon geschehen. Die Luft war raus. Lungenembolie.

Eine Woche später, kurz vor Rudolfs Begräbnis, witterte Vanessa, die nun auch abseits des »Kinderzimmers« schwarz trug, ihre Chance. Als sie in dem kleinen Andachtsraum mit dem Bestatter allein war, fragte sie vorsichtig:

»Können Sie bitte noch einmal den Sarg öffnen, für einen Abschiedskuss?«

Das war kein seltener Wunsch und so kam der Bestatter diesem natürlich nach.

Nachdem Vanessa ihren Rudi auf die Stirn geküsst hatte, drehte sie ihren Kopf und sagte: »Können Sie mir bitte in den Sarg hineinhelfen? Ich möchte zumindest einmal mit ihm kuscheln.«

Das Erstaunen im Gesicht des Bestattungsmitarbeiters war deutlich zu sehen. »Es tut mir leid, aber das geht wirklich nicht«, antwortete er vorschriftsgemäß. Am Ende war ausnahmsweise nicht sie diejenige, die streng war.

Aber bitte mit Rasen!

Mit 66 Jahren, da fängt das Leben an ...

Ginge es nach einem seiner größten Hits, hätte Udo Jürgens nicht wirklich viele Jahre auf dem Buckel. Lediglich 14, um genau zu sein. Denn der Schlagerstar aus Österreich war ein Mann von achtzig Jahren gewesen, als er beim Spaziergang in der Schweiz plötzlich umkippte und die Bühne des Lebens verließ. Dabei hatte er auf seiner gleichnamigen Tournee gerade noch »Mitten im Leben« gestanden. Aber es war zumindest ein schneller Tod. Merci, Cherie!

Seine letzte Tour (ohne Bademantel) führte ihn schließlich nach Wien. Volkshalle statt Stadthalle. Im historischen Wiener Rathaus war Udos Urne aufgebahrt worden. Ganze zwei Tage lang. Selbst hier gab er noch eine Zugabe. Tausende Fans kamen, um ihrem Idol noch einmal ganz nah zu sein. Vor zu viel Fan-Nähe beschützten den Sänger gleich mehrere Wachen. Liebe ohne Leiden. Zur Sicherheit. Denn jetzt, wo der 1,87 Meter große Hüne plötzlich so klein und handlich war, könnte jemand auf die Idee kommen, ihn als Souvenir mitzunehmen, so die Befürchtung.

Vor seinem allerletzten Auftritt am Wiener Zentralfriedhof war Udo wie schon zu Lebzeiten noch ein letztes Mal inkognito unterwegs. Nur drei Bestattungsmitarbeiter wussten, wo seine Urne war. Die bestbehütete Asche der Stadt. Auch seine Ruhestätte war diebstahlsicher. Denn die Urne, die sein Bruder bemalt hatte, war eingemauert in ein tonnenschweres, weißes Marmorklavier.

Es war ein sonniger Tag im Mai, als sich die Familie und die engsten Freunde des Sängers rund um den imposanten Grabstein versammelt hatten. Auch dieser Zeitpunkt war streng geheim. Es sollten keine Fotos oder Videos davon entstehen. Schade eigentlich. Denn die Friedhofsverwaltung hatte extra für ihren neuen prominenten Bewohner einen frischen Rollrasen verlegt. Saftig grün und weich.

Je länger die Trauerrede andauerte, desto kleiner wurden plötzlich die weiblichen Trauergäste. Zentimeter für Zentimeter sanken sie mit ihren spitzen Stöckelschuhen in das frische Erdreich. Fast bis zu den Knöcheln.

Um nicht unfreiwillig am Zentralfriedhof einzuziehen, zogen die aufgestylten Damen nach und nach ihre High Heels aus und lauschten andächtig, aber barfuß den wertschätzenden Worten der Redner. Bequemer war dies allemal. Und bei der Hitze wohl gar nicht so unangenehm.

Und so spielte Udo Jürgens seine letzte Vorstellung vor einem Publikum, das im Erdreich versank. Fast wie auf einem dieser Festivals, die hauptsächlich Teenager besuchen. Ganz so verkehrt war es also doch nicht, dass mit 66 Jahren das Leben erst anfängt.

Hochwürden mit Würde

Er hatte nur wenig Zeit und gerade nichts anderes zur Hand. Deshalb nahm Othmar seinen alten Reisekelch aus Messing aus dem Regal in der Sakristei, um das weiße Pulver aus dem Beutel hineinzuschütten, Milch darüberzugießen und das Gemisch mit einem kleinen Löffel zu verquirlen. Mit Vorfreude schaute er zu, wie seine Mischung sich rosa verfärbte, schäumte und begann, nach Erdbeeren zu duften. Seit einem halben Jahr vollzog der Pfarrer dieses Ritual drei Mal am Tag. Denn Hochwürden war auf Diät. 24,8 Kilogramm hatte er mit seinen Shakes (nur 230 Kalorien pro Getränk) bereits abgenommen. Die Pfarrersköchin war seitdem nicht mehr gut auf ihn zu sprechen (»Sie müssen mehr essen – Sie schauen bald aus wie der Heilige Geist«), doch der einst beleibte Katholik mit schütterem Haar war stolz auf die purzelnden Kilos. Mit ein paar kräftigen Zügen kippte er den fruchtigen Fettverbrenner in sich hinein, wischte den Milchbart ab, schnappte sich seine Beerdigungsbibel und machte sich auf den Weg zu seinem nächsten Termin.

Othmar musste auf einem kleinen Friedhof im Süden der Stadt eine Predigt für eine verstorbene Sportlehrerin halten. Die Trauerhalle war bis auf den letzten Platz gefüllt. Familie, Freunde, Lehrerkollegen und Schülerinnen waren gekommen, um sich zu verabschieden. Der erschlankte Geistliche ging langsamen Schrittes zum Sarg und verneigte sich, um sich dann der Trauergemeinde zuzuwenden und einige salbungsvolle Worte zu sprechen.

Othmar verlas gerade ein Gleichnis, als er einen leichten Luftzug um seine Hüften bemerkte. Er wurde immer stärker. Als er plötzlich ein feines Kitzeln auf den Oberschenkeln spürte, wusste er, was los war. Seine mittlerweile viel zu große Hose begann zu rutschen. Da er die schwere, aufgeschlagene Bibel mit beiden Händen festhalten musste, war es ihm unmöglich, sein Beinkleid wieder dort hinzuziehen, wo es hinsollte. Denn weit und breit war kein Tisch zum Ablegen in Sicht und bücken wollte er sich in dieser Lage auf keinen Fall.

Und so versuchte er mit seltsamen Tanzbewegungen, zu retten, was nicht zu retten war. Wie ein Hula-Hoop-Akrobat ohne Reifen kreiste er mit den Hüften, um die Hose nicht ganz zu verlieren. Vergebens.

Als er die Schlussworte seiner Predigt sprach, waren seine dünnen, weißen Beine bereits vollständig nackt und mit Gänsehaut überzogen. Die Trauergäste ließen sich nichts anmerken und Hochwürden ließ die Situation peinlich berührt, aber mit Würde, über sich ergehen. Nach dem letzten Amen betete er innerlich ein weiteres, als sich endlich jemand seiner erbarmte und ihm die schwere Bibel aus der Hand nahm. Verlegen zog er sich die Hose wieder an.

Nachdem er seiner Pfarrerskochin die Geschichte gebeichtet hatte, servierte sie ihm mit Genugtuung einen Schweinsbraten. Othmar nahm sich zwei Mal nach.

Leberkäs-Junkie

Es war für sie die reinste Folter. Tagtäglich sah, roch und fühlte Rosalia das Objekt ihrer Begierde. Es war rosa, weich und warm. Sie war ihm ganz nah und doch so fern. Jedes Mal, wenn sie mit dem großen, scharfen Messer eine Scheibe Leberkäse abschnitt, und der flüssige Käse herausquoll, rann auch ihr das Wasser im Mund zusammen. Und das kam mehrmals täglich vor. Vor allem um die Mittagszeit, wenn ganze Horden von Bauarbeitern in ihren blauen oder weißen Monturen Schlange standen, um sich bei Rosalia ihr Mittagessen zu holen. Das Leben als Feinkostverkäuferin im Supermarkt war kein einfaches, vor allem nicht mit hohen Cholesterinwerten.

Rosalia hatte von ihrer Ärztin ein striktes Leberkäsverbot auferlegt bekommen. Zu viel hatte sie in den letzten Jahren davon verputzt. Jetzt hieß es Fasten statt Fastfood.

Rosalia fühlte sich fast wie der Held in der Kinoreihe Franz Eberhofer. Auch der schusselige Dorfpolizist musste in ihrer Lieblingsepisode auf Fleisch verzichten. Für die Gesundheit. Die Parallele hatte es der rotbäckigen Frau mit dem kurzen blonden Haar etwas leichter gemacht, ihr fleischloses Schicksal zu ertragen. Ein Schicksal, das ironischerweise ein tierisches Ende nahm. Denn am Heimweg vom Supermarkt (der Leberkäsegeruch in ihrer Kleidung erfüllte das ganze Auto) war Rosalia auf der Bundesstraße ein Hirsch vors Fahrzeug gelaufen. Wildwechsel, der letzte. Am Teller wäre er ihr lieber gewesen.

†
Leberkäs
Junkie

Rosalias Sohn, der eine sehr enge Beziehung zu seiner Mama gepflegt hatte (obwohl er Vegetarier war), musste die Trauerfeier organisieren. Es sollte alles ganz schlicht werden. Kein Trauerzug, keine Trauerreden, keine Feierlichkeit, keine Blumen. Das Geschäft ihres Lebens machte die Bestattungsfirma mit diesem Todesfall nicht. Doch Manuel wusste, dass seine Mutter nichts von großen Begräbnissen hielt. Oft genug hatte sie sich lauthals darüber mokiert, was für ein Theater da aufgeführt wurde, für jemanden, der eh nichts mehr mitbekommt. So waren es am Tag des Begräbnisses nur vier Menschen, die sich am Friedhof versammelt hatten, um Rosalia die letzte Ehre zu erweisen. Nur einer fehlte: Manuel.

In wenigen Minuten sollte Rosi in die Erde gelassen werden, da lief ihr Sohn auf das Grab zu. Leger gekleidet, außer Atem und mit einem Sackerl ihres ehemaligen Arbeitgebers in der Hand. Mit einem sentimentalen Lächeln holte er etwas Verpacktes heraus, roch kurz daran und legte es dann liebevoll auf den Sarg.

»Mama, das Semmerl ist für dich. Die ist noch warm«, sagte er und bemerkte die ungläubigen Blicke der Sargträger. »Käseleberkäse. Ohne Senf und Ketchup. So hat sie es sich gewünscht«, entgegnete Manuel zufrieden. Die Herren in Schwarz quittierten kurz und trocken: »Mahlzeit!«

Happy End

Er schleckte über seinen Handrücken und verzog das Gesicht zu einer Grimasse. Es war bereits der fünfte Shot Tequila, den René in sich hineingeleert hatte, um danach wie üblich die Salz-Zitrone-Mischung mit der vom Alkohol betäubten Zunge aufzulecken. Der 22-Jährige mit dem kurz geschorenen Haar war gerade arbeitslos geworden und versuchte, den Ärger und den Frust darüber mit seinen besten Kumpels hinunterzuspülen. Mit Erfolg.

Doch während die Stimmung in ihrem Stammlokal stieg, sank das Niveau. Sie redeten über »Weiber«, »wie man sie am besten aufreißen könne« und wo sie es überall schon »getrieben« hatten. Die vier jungen Männer überboten sich mit spektakulären Erzählungen, von denen nicht einmal die Hälfte wirklich so geschehen war.

»Ein Bekannter hat mir erzählt, er hat einmal seine Freundin am Friedhof verführt. Das traust du dich nie«, sagte Marco und forderte René (der mittlerweile beim achten Tequila war) heraus.

»Wetten?«, entgegnete dieser. »Wetten!«, riefen die anderen drei im Chor.

Eine Woche später brummte Renés Schädel zwar nicht mehr, doch aus Worten waren Taten geworden.

Mit Engelszunge und seinem berüchtigten Dackelblick hatte er seine Freundin Chiara (sie war fünf Jahre älter als er) überredet, das erotische Abenteuer mit ihm gemeinsam zu wagen.

Sie hatten dafür einen kleinen Friedhof im Süden von Wien ausgesucht. Gegen Mitternacht kletterten René und Chiara über die dicke Mauer und suchten nach einem geeigneten Platz für ihr Liebesspiel. Da es Mitte Oktober schon etwas kalt war, verlagerten sie die heiße Nummer kurzerhand in die Trauerhalle. Sie war nicht abgesperrt und so begaben sich die beiden todesmutig auf den steinernen Sockel in der Mitte des Raumes, auf dem eine Art Schlitten stand. Auf diese bewegliche Vorrichtung wurden normalerweise die Särge gestellt, um sie nach der Andacht wieder leicht herunternehmen zu können.

Die Frequenz, in der sich der Schlitten in dieser Nacht nach vor und zurück bewegte, war ein Rekord. Das Metall quietschte laut, doch René und Chiara ließen sich davon nicht abhalten.

Erst als das Licht anging und zwei uniformierte Beamte im Trauersaal standen, wurde es plötzlich ruhig. Die Frage, was die beiden denn da machen würden, erübrigte sich nach einem kurzen Blick auf die Lage.

»So. Jetzt ist Schluss mit lustig. Sie beide kommen jetzt mit uns mit«, sagte einer der Polizisten. Während sich die beiden Turteltauben mit rot angelaufenen Gesichtern wieder anzogen, versuchte René die Situation mit einem Schmäh zu retten.

»Ganz ehrlich, Herr Kommissar. Wie oft gibt's denn am Friedhof ein Happy End?«

Falsche Fête Blanche

Obwohl sie noch ihre große Sonnenbrille aufhatte, als sie die Trauerhalle mit ihren kniehohen Lederstiefeln betrat, war Sabine förmlich geblendet und traute ihren dunkel geschminkten Augen nicht. Sie musste sich hier auf dem Zentralfriedhof im Saal geirrt haben, dachte sie und wollte schon umdrehen. Doch vor dem hellen Lärchensarg, der in der Mitte des Raumes aufgebahrt war, stand tatsächlich das Foto ihres Robertos, das sie für das Begräbnis ausgesucht hatte. Mit seinem langen, schwarzen Haar und seinem Lieblingsledermantel passte der bekennende Gothic-Fan so gar nicht in dieses helle, fast unschuldige Ambiente.

Alles in diesem Raum war weiß. Die Lilien des großen Trauerkranzes, die langen Kerzen und sogar die Hussen über den Stühlen waren blütenweiß. Sabine spürte, wie sich die Schweißporen in ihrem blassen Gesicht zu öffnen begannen, als sie auf einem der Sessel Platz nahm und sich hilfesuchend umsah. Vergeblich. Sie war viel zu früh dran und damit die Erste und vorerst Einzige auf dieser Fête Blanche, die sie nicht bestellt hatte.

Beim Bestattungsberater vor zwei Wochen hatte sie ein völliges Kontrastprogramm organisieren lassen. Ganz im Sinne von Roberto hätte er sich bei seinem Abschied wie zu Hause fühlen sollen. Dort hatten sich er und seine Sabine eine kleine Gruft eingerichtet. Das Wohnzimmer war mit schwarzen Stoffbahnen abgehängt, auf denen lediglich dunkelrote Rosen aus Plastik für Farbtupfer sorgten. Ihre Möbel waren allesamt aus schwarzem Holz, dekoriert mit friedhofstypischen Gegenständen wie Grabkerzen, Holzkreuzen als Bücherstützen oder ausgehöhlten Totenschädeln (aus Plastik), in denen Glühbirnen brannten. Der Totenkult war der Lifestyle der beiden Tattookünstler, die vor zwanzig Jahren ein eigenes Studio eröffnet hatten. Auch bei Robertos Trauerfeier hätte sich dieser widerspiegeln sollen. Fehlanzeige.

Endlich kam der Bestatter langsamen Schrittes in die Trauerhalle, um vor dem Eintreffen der Gäste noch einmal nach dem Rechten zu sehen.

»Ist alles so, wie Sie sich das vorgestellt haben?«, fragte er die Witwe mit einem selbstzufriedenen Unterton.

»Wollen Sie mich verarschen?«, blaffte Sabine mit ihrer rauchigen Stimme und brach in Tränen aus. »Es ist alles genau das Gegenteil von dem, was ich mir vorgestellt habe. Roberto würde sich im Grab umdrehen, wenn er denn schon drin läge«, setzte sie nach.

Der erfahrene Arrangeur verstand die Welt nicht mehr und versuchte, die aufgebrachte Frau, deren Wimperntusche bereits zu verrinnen begann, zu beruhigen. Als er in seine Unterlagen blickte, dämmerte es ihm. Er hatte in derselben Woche zwei Kunden mit ähnlichem Namen hereinbekommen. Roberto San Pietro und Luca San Marino. Es konnte doch unmöglich sein …

Doch. Es war so. Ein Kollege hatte wegen der Namensähnlichkeit die beiden Bestattungen vertauscht. Mitten in seinen geschockten Gedanken hinein fragte Sabine: »Wer sagt mir, dass da überhaupt mein Mann drin liegt?«, und schnäuzte ihre Nase, in deren linkem Flügel sie ein Piercing mit verkehrtem Jesuskreuz trug.

Es war der richtige Leichnam. Nach einem Blick in den hellen Sarg war zumindest das geklärt und die Trauerfeier konnte wenig später unter den ungläubigen Blicken der halben Wiener Gothic-Szene stattfinden. Der Bestatter entschuldigte sich gefühlt tausend Mal bei der Witwe (die es nach der anfänglichen Aufregung erstaunlich gelassen nahm) und versprach ihr einen deutlich günstigeren Preis. Doch Peinlichkeit und Überforderung taten ihr Übriges – trotz blendend weißer Akzente wurde dem armen Mann schwarz vor Augen.

Zimmer ohne Aussicht

Wohnst du noch oder stirbst du schon? Dieser etwas abgewandelte Werbespruch hätte gut zu Anton und seiner siebenköpfigen Familie gepasst. Denn sie lebten sozusagen für den Tod. Jenseits statt Jetzt.

Die Achtzig-Quadratmeter-Wohnung der passionierten Musiker (sie waren so etwas wie die Wiener Kelly Family) war spärlich eingerichtet. Praktisch und billig. Kein Schnickschnack. Das extravaganteste war ein lila Dinosaurier aus Porzellan mit einem dicken Schlitz am Rücken, der am Vorzimmerschrank stand. Wann immer Anton, seine Frau oder eines ihrer Kinder (das jüngste war 13 und lernte neben der Schule Ziehharmonika) Geld mit nach Hause brachte, kam es in den Dino. Sparen in der Urform. Ka-Ching!

Im Laufe der Jahre hatte sich der Dinosaurier eine beträchtliche Summe angefressen. Ausgespuckt wurde die nicht etwa für einen gemeinsamen Urlaub oder ein teures Auto, sondern für den ganzen Stolz der Roma-Familie: die Familiengruft. Sie war so etwas wie ihre unterirdische Wertanlage, so wie bei vielen Familien ihrer Community. Beste Lage, zentral gelegen mitten am Friedhof, samt ruheliebenden Nachbarn. Das hatte eben seinen Preis. 75.000 Euro, um genau zu sein.

Antons Eltern und Großeltern bewohnten die großzügige Anlage im Kellergeschoss bereits. Kost und Logis inbegriffen. Sie hatten schon zu Lebzeiten eingezahlt. Die Gruft war prachtvoller ausgestattet als jedes Wohnzimmer, das Anton

ZIMMER OHNE AUSSICHT
GRUFT

und seine Familie je bewohnt hatten. Ein teurer Perserteppich, eine stylische Couch (mit echten Silberverzierungen an den Lehnen) und sogar eine Stereoanlage hatten sie für Oma, Opa und Co aufgestellt. Damit keine Langeweile aufkommen kann, brachte Anton an diesem verregneten Novembertag die neueste Anschaffung ins Familiendomizil: einen Fernseher. Riesengroß, superflach und natürlich in Ultra-HD. Vor allem Antons Großvater hatte zum Schluss nicht mehr die besten Augen gehabt. Er sollte seine Lieblingsserie auch ohne Brille genießen können.

Mit Müh und Not brachte Anton die Neuanschaffung über die paar Stufen hinunter in die Gruft. Wie selbstverständlich grüßte er seine Verwandten, entschuldigte sich für die Störung (für ihn lebten die Toten weiter, deshalb machten sie es ihnen so gemütlich) und begann, den TV-Apparat zu installieren. Sogar die Fernbedienung hatte er mitgebracht und auf dem kleinen Couchtisch, der in der Mitte stand, drapiert. Als er fast fertig war, bemerkte er, dass etwas Entscheidendes fehlte: der Stromanschluss.

So lang er auch suchte, er war nicht zu finden. Verärgert verabschiedete er sich. Aber immerhin: Die nächste Investition hatte er bereits im Kopf. Armer Dino.

Alles dran?

Sein Badezimmerschrank machte jeder Parfümerie Konkurrenz. Von A wie Anti-Aging-Creme bis Z wie Zitronensäure-Peeling fehlte in Ferdinands Schönheitspalette so gut wie gar nichts. Exakt eine Stunde und 21 Minuten brauchte der zierliche Mann mit dem langen, glänzenden Haar (dunkelblond gefärbt) in der Früh, um sich herzurichten. Das hatte er einmal gestoppt und rechtfertigte damit oft sein Zuspätkommen. Nicht nur, wer schön sein will, muss leiden. Auch diejenigen, die auf ihn warten mussten.

Schon in der Schule hatten sie Ferdinand stets »Beauty« genannt. So wie jenen eitlen Schlumpf, der mit dem Spiegel in der Hand durch Schlumpfhausen wandelte und Schlumpfine damit oft die Show stahl.

Ferdi war stolz auf sein Aussehen. Die Augenbrauen immer akkurat gezupft, die Wangen glattrasiert und die Stirn leicht gepudert. So fühlte er sich wohl, auch bei seinem Job als Apothekengehilfe. Er war vor allem bei den weiblichen Kunden äußerst beliebt, da er ihnen neben Blutdruckmitteln und Tabletten gegen Blähbauch auch immer den ein oder anderen Schönheitstipp mit nach Hause gab. »Das müssen Sie probieren, Sie schauen danach um zehn Jahre jünger aus«, sagte er oft mit seiner für einen Mann etwas zu hohen Stimme. Dass ihn manche Kollegen hinter seinem Rücken »Tunte« nannten, war Ferdinand egal. Der Dauersingle war hetero. Seine wenigen Beziehungen waren bisher oft an seinem Schönheitswahn gescheitert. Und am mangelnden Platz im

Badezimmer. Und genau dort musste Ferdinand auch erfahren, dass nicht nur Schönheit vergänglich war, sondern auch das Leben. Als er sich gerade sein Lieblingsparfüm auf die Innenseite seines zierlichen Handgelenks sprühte, konnte er plötzlich seinen Zeigefinger nicht mehr bewegen.

Klirr. Flacon kaputt. Ferdinand auch. Schlaganfall mit 49 Jahren.

Und so lag der schöne Ferdi nun in der Kühlkammer des Bestatters. Eine Frischzellenkur der anderen Art. Die Leichentransporteure, die ihn zur Beerdigung abholen sollten, hatten auf ihrem »Lieferschein« Ferdinands Personalien stehen. Name, Alter, Geschlecht. Zur Kontrolle öffneten die beiden vorm Abtransport den Sarg und staunten nicht schlecht. Da lag doch tatsächlich eine tote Frau. Etwas bleich, aber hübsche, weibliche Gesichtszüge, dachten sich die beiden gestandenen Männer und riefen sofort ihren Chef an, dass es sich um eine Verwechslung handeln müsse. Da es die einzige Leiche an diesem Tag war, die in dem sterilen Kühlhaus lag, riet der Vorgesetzte seinen verdutzen Mitarbeitern, noch einmal genau nachzusehen, ob es sich nicht doch um den verstorbenen Ferdinand handle. Kurze Zeit später piepste das Telefon des Bestattungsleiters. Eine SMS des Kollegen trudelte ein: »Alles dran. Doch ein Herr.«

Dick im Geschäft

Immer, wenn er lachte, begannen die Gläser in seiner Garderobe (von denen es sehr viele gab) fast zu vibrieren. Es klang jedes Mal beinahe wie für eine Rolle einstudiert. Doch auch, wenn er sich nur über den Witz eines Kollegen amüsierte, konnte Otto seinen Beruf nicht verleugnen. Er war Opernsänger. Ein Schwergewicht in seiner Branche. Und das lag bestimmt auch an seinem beachtlichen Klangkörper.

Schon als Jugendlicher hatte Otto immer ein paar Kilo zu viel auf den Rippen gehabt. Doch gestört hatte es ihn nie. Während andere Burschen in seinem Alter Fußballer oder Popstars als Vorbilder verehrten, eiferte er nur einem nach: Luciano Pavarotti. Doch optisch war ihm die Annäherung an sein Idol zunächst wesentlich schneller gelungen als stimmlich. Je größer sein Brust- und Bauchumfang, desto umfangreicher wurde auch sein Organ. Und so war Otto mit Ende dreißig dort, wo er immer hinwollte: in der größten Oper der Stadt. Als Bariton.

Trotz zahlreicher Auftritte kämpfte er vor jeder Vorstellung mit Lampenfieber. Deshalb hatte er sich im Laufe der Zeit eine ganze Sammlung unterschiedlicher Gins und Tonicwater angeschafft, mit der er seine Nervosität hinunterspülte.

Es sollte die letzte Spülung sein. Denn statt eines Heldentodes auf der Bühne starb Otto dahinter, in der Garderobe. Mit dem Glas in der Hand kippte er auf seinen Schminktisch, woraufhin sich die Operngäste die Vorstellung abschminken mussten. Hirnschlag statt Hamlet.

Wie bei den Stars des Hauses am Ring so üblich, sollte Otto auch als verstummter Bariton noch einmal in die Staatsoper zurückkehren. Aufgebahrt in seinem Sarg im Foyer. Die Trauerfeier war für einen Vormittag angesetzt, so früh war Otto zu Lebzeiten nie in der Oper gewesen. Diesmal hatte er seinen großen Auftritt eben bei einer Matinée. Liegend. Im Eichensarg in Übergröße. Denn sein verklungener Klangapparat hatte stattliche 150 Kilogramm und brauchte Platz.

Die vier Mitarbeiter der Bestattung konnten sich den Besuch im Fitnesscenter an diesem Tag getrost ersparen. Als sie das Gewicht stemmten und in Richtung des imposanten Tors der Staatsoper schritten, war allen vieren eines schnell klar: Das geht sich nicht aus. Otto war zu breit. Und das lag diesmal nicht am Gin-Tonic.

Egal, wie sie es versuchten, der XXL-Sarg war nicht durch die historische Tür zu bringen. Rot im Gesicht vor Anstrengung und Peinlichkeit brachten sie Otto zurück zum Leichenwagen. Nach hektischen Telefonaten wurde schließlich umdisponiert und am nächsten Tag am Friedhof getrauert. Als Otto auf den Aufbahrungssockel gehievt wurde, begann die Metallvorrichtung laut zu quietschen. Ein letzter Laut des passionierten Sängers. Wenn auch ein paar Oktaven höher …

Fingerspitzengefühl

Obwohl er dieses beeindruckende Spektakel schon seit er denken konnte regelmäßig verfolgt hatte, wurde Huy immer noch schwindelig beim Zuschauen. Die Finger seines Vaters tanzten wie wild geworden über den großen Bösendorfer-Flügel, der im prachtvollen Wohnzimmer der Familienvilla stand. Tian Li übte derzeit bis zu zehn Stunden am Tag für eine große Tournee, die ihn auch in seine Heimat China führen sollte. Ein Heimspiel im wahrsten Sinne des Wortes.

Der 58-Jährige war einer der wenigen Pianisten weltweit, die eines der schwierigsten Klavierstücke aller Zeiten beherrschten. Beethovens Klaviersonate Nr. 29 B-Dur op. 106, besser bekannt als »Hammerklaviersonate«. Die Komposition galt nach ihrer Entstehung Anfang des 19. Jahrhunderts lange Zeit als unspielbar. Aber Tian Li hatte seine historischen Vorgänger eines Besseren belehrt und war damit berühmt geworden.

Außer seinem Instrument hatte in seinem Leben nicht viel anderes Platz. Fußballspielen mit seinem Sohn, ein gemeinsamer Schiurlaub oder einfach nur eine Wanderung in den umliegenden Weinbergen waren tabu. Zu groß war die Gefahr, dass die goldenen Hände (die der Familie ein luxuriöses Leben ermöglichten) Schaden nehmen könnten. Seine zarten, hellen Finger waren sogar versichert. Nicht um 15 Millionen Euro, wie bei seinem großen Vorbild, dem weltbekannten Pianisten Lang Lang, aber immerhin für einen hohen sechsstelligen Betrag.

Die Versicherung musste nie zahlen. Denn kurz vor seinem Tournee-Auftakt wurde Tian in seinem Garten von einer Biene in den Hals gestochen. Allergischer Schock. Beerdigung statt Beethoven.

Der so gar nicht musikalische Huy hatte die Aufgabe, sich um die Beerdigung seines verstorbenen Vaters zu kümmern. Und das machte er mit viel Liebe zum Detail. Auf Tians Parte wurde die erste Notenzeile seiner Parade-Sonate gedruckt, bei der Trauerfeier sollte ausschließlich Musik seines letzten Live-Albums gespielt und der Sarg mit Klaviertasten bemalt werden. Huys einziges Problem war die Großfamilie in China. Unmöglich konnten die über einhundert Tanten, Onkel, Cousins und Cousinen alle nach Wien reisen. Da kam dem 23-Jährigen eine Idee, die er wenige Tage vor der Beisetzung mit dem Bestattungsberater teilte.

»Wäre es möglich, dass Sie meinem Vater eine Hand abtrennen? Ich würde sie gern als Andenken zu unseren Verwandten nach China schicken. Die würden das gute und berühmte Stück auch dort begraben.« Als Huy merkte, dass sein Gegenüber wenig von diesem Vorschlag hielt, setzte er nach: »Es tut ihm ja eh nicht mehr weh.«

Für den Mitarbeiter war es eine Angelegenheit von einer Stunde, seinen Kunden davon abzubringen. Ein Job mit viel Fingerspitzengefühl.

Schöne Bescherung

Die Post bringt allen was. Dieser alte Werbespruch stimmte im Fall von Familie Petutschnig nur bedingt. Die Mitglieder einer Kärntner Trachtendynastie saßen in diesen Dezembertagen wie auf Nadeln. Und das lag nicht am bereits etwas vertrockneten Tannenbaum, den sie schon am ersten Advent in der großen, holzverkleideten Stube aufgestellt hatten.

Marianne, die Chefin im Haus, erwartete ein Paket. Nicht besonders groß, aber mit unwiederbringlichem Inhalt. Ihrer Schwester. Nicht im Ganzen natürlich, sondern eingeäschert in einer Urne.

Brigitte war das schwarze Schaf in der Familie gewesen. Trotz viel guten (und auch weniger guten) Zuredens wollte sie partout nicht ins Dirndl- und Lederhosenbusiness einsteigen. Diese Welt war ihr viel zu klein gewesen. Und zu belanglos. Sie wollte etwas bewegen. Und so war Gitti (wie nur die Familie sie nannte) nach Wien gegangen, um dort als Sozialarbeiterin tätig zu sein. Ihre Klientel: drogenkranke Jugendliche statt Kärntner Großgrundbesitzer.

Marianne und Brigitte hatten sich nie viel zu sagen gehabt. Jetzt gab es doch noch einiges, aber es war zu spät. Am 23. Dezember sollte die Beisetzung im Familiengrab stattfinden (Gitti hatte keinen Mann oder Kinder, deshalb die unfreiwillige Rückkehr nach Hause), doch es fehlte etwas ganz Wesentliches. Die Urne.

Bereits drei Tage zuvor hatte der Bestatter aus Wien die fragile Fracht losgeschickt. Offenbar ohne Erfolg. Mit ihrer energischen (manche sagen unfreundlichen) Art fragte Marianne mehrmals beim Bestattungsunternehmen nach, wo denn ihre Schwester bleibe, und sorgte dort für Vorweihnachtsstress der anderen Art. Die Urne blieb wie vom Erdboden verschluckt.

Wahrscheinlich lag sie im Postverteilzentrum irgendwo zwischen den unzähligen Päckchen, die noch vor dem Heiligen Abend verschickt werden sollten. Gitti konnte sich nur leider nicht mehr bemerkbar machen.

Am 23. Dezember in der Früh musste der zerknirschte Bestatter deshalb Familie Petutschnig informieren, dass die Sendung nicht auffindbar sei und Brigittes Beerdigung verschoben werden müsse. Die Antwort von Marianne am anderen Ende der Leitung war nicht jugendfrei gewesen. Verständlicherweise.

Erst wenige Tage nach Weihnachten gab es die späte, aber schöne Bescherung. Nachdem sich die Stapel der Geschenke im Postzentrum gelichtet hatten, tauchte tatsächlich Gittis Urne auf. Und Gitti war damit auch als Verstorbene eine Pionierin. Denn seither werden Urnen in Österreich nur noch mit Expressversand verschickt.

FUNDBÜRO
Schöne Bescherung
LOST

Im falschen Film

Seine Konzentrationsfähigkeit war nach diesem langen Arbeitstag schon etwas vermindert, doch er hatte sich gegen Ende des Beratungsgesprächs nicht verhört. Seine bildhübsche Kundin, die in einem hautengen, schwarzen Kleid in dem geschmacklos eingerichteten Wohnzimmer vor ihm saß, hatte Sascha tatsächlich gerade gefragt, ob er nicht über Nacht bleiben wolle, bei ihr im Bett.

Der gutaussehende Halbkroate und leidenschaftliche Triathlet hatte aufgrund seines Aussehens schon öfter zweideutige Angebote von Frauen bekommen. Vor allem in seinem früheren Job als Kameramann bei einem großen TV-Sender, wo er immer wieder bei Society-Events drehen musste und oft mit mehr Telefonnummern als gefilmten Aufnahmen zurückkam. Diese glitzernde Fernsehwelt war dem 52-Jährigen irgendwann zu oberflächlich geworden.

Nach über zwanzig Jahren in dem Business suchte er nach einem neuen Sinn in seinem Leben und fand ihn im Tod. Er heuerte bei einer Produktionsfirma an, die ein sehr spezielles Service anbot: Rückblicks-TV. Eine Art Nachrufproduktion für Privatkunden. Aus Handyvideos, alten Familienfotos und neu gedrehten Aufnahmen gestalteten die Profis dort berührende Abschiedsvideos, die bei Trauerfeiern und Begräbnissen vorgespielt wurden. Bildschirme und Tonequipment wurden mitgeliefert. Auf Wunsch wurde das Ganze sogar gefilmt oder im Internet gestreamt, was in Coronazeiten für einen regelrechten Boom gesorgt hatte.

Sascha war der oft eingesetzte Allrounder der Firma. Er konnte drehen, er konnte schneiden und er konnte aufgrund seiner gewinnenden Art auch die schwierigsten Fälle zu einem guten Ende bringen. Im wahrsten Sinne des Wortes.

Diesmal saß er in seiner etwas zu engen Skinny-Jeans einer 52-jährigen Witwe gegenüber. Sie überlegte, einen filmischen Nachruf auf ihren fast dreißig Jahre älteren Ehemann gestalten zu lassen, der vor zwei Wochen verstorben war. Schon bei der Begrüßung merkte Sascha, dass die Dame zwar schwarz trug, aber nicht wirklich traurig wirkte. Als er ihr dann verschiedene, extra produzierte Beispielvideos auf seinem Tablet vorführte, spürte er, wie sie immer näher an ihn heranrückte und ständig den Blickkontakt zu seinen blaugrünen Augen suchte. Statt an Details zu den Angeboten war die lustige Witwe eher am Privatleben des Beraters interessiert. Fragen, denen Sascha rhetorisch gekonnt auswich.

Bis sie schließlich sagte: »Wollen Sie heute Nacht vielleicht hierbleiben?« Saschas Glatzkopf lief rot an und er wusste im ersten Moment nicht, was er tun sollte. Dann fiel es ihm ein. Mit einem Finger-Wisch blätterte er die Preisliste auf seinem Tablet zur Seite, sodass sein Hintergrundfoto zu sehen war. Es zeigte Sascha und seinen Ehemann, küssend bei deren Hochzeit vor zwei Jahren. Als das Bild aufblitzte, war der Kundin klar, dass sie abgeblitzt war. Sascha kehrte aus diesem falschen Film ohne Auftrag in die Firma zurück.

Telefonjoker

Er schaute so vertieft in den flimmernden Computerbildschirm, dass er den bitteren Geschmack des speziellen Lacks gar nicht bemerkte, während er an seinen abgekauten Nägeln biss. Die stinkende Tinktur aus der Apotheke mit dem passenden Namen »Stop-it« hatte ihm seine Mutter besorgt, damit Christopher endlich mit der lästigen Angewohnheit, die ihn schon seit dem Volksschulalter begleitete, aufhörte. Doch der 32-Jährige war in seinem Nachtdienst gerade in höchster Konzentration. Karte für Karte ordnete er nach und nach per Mausklick dem richtigen Stapel zu, bis auch die Letzte aufgedeckt war. Solitär hieß diese wohl meditativste Software der Computergeschichte, mit der sich der junge Mann stundenlang beschäftigen konnte, während er zehn Stunden lang in dem finsteren Büro der Bestattung saß.

Die meiste Zeit gelang es ihm, die 52 virtuellen Karten nach Farbe zu sortieren und in der richtigen Abfolge von Ass bis König zu reihen, bis ein glockenheller Ton den Sieg einläutete. Doch wenn es Christopher ab und zu nicht glückte, knallte er seine mächtige Faust auf den Tisch, sodass die ausgefüllten Abholscheine für den nächsten Tag durch die Luft segelten.

Er war ein schlechter Verlierer. Niemand wollte deshalb mehr mit ihm spielen, etwa wenn die Familie zum sonntäglichen Abendessen zusammenkam. Wenn Christopher bei einem Brettspiel hinten lag, war der Abend stimmungstechnisch meistens gelaufen, weshalb seine Frau ihn früher immer hatte gewinnen lassen, bis sie diese Art der Freizeitbeschäftigung einstellten.

Zwischen seinen Solitär-Partien blätterte der hagere Mann mit dem dunkelblonden Wuschelkopf immer wieder die Kataloge durch, die feinsäuberlich auf dem Ständer neben seinem Arbeitsplatz aufgestellt waren. Er konnte mittlerweile sämtliche Modellnamen und Preise aller Urnen und Särge, die das Bestattungsunternehmen anbot, auswendig.

Als er gerade wieder einmal das weiße Modell »Cinderella« betrachtete, läutete das Festnetztelefon vor ihm. Das erste Mal in dieser Nacht. Es musste wohl jemand gestorben sein.

Aus diesem Grund saß Christopher jede zweite Woche fünf Nächte lang hier, um im Fall des Falles alles für die Hinterbliebenen in die Wege leiten zu können. Der Tod macht keinen Feierabend. Als er den Hörer abhob, vernahm er feiernde und lachende Stimmen im Hintergrund.

»Seltsam, normalerweise geht es bei solchen Anrufen ruhiger zu«, dachte er.

»Hallo! Ihr seid ja Bestatter, oder?«, fragte ein der Stimme nach junger und offenbar nicht mehr ganz nüchterner Mann am anderen Ende der Leitung.

»Ja, das sind wir. Wie kann ich Ihnen helfen?«, antwortete Christopher betont professionell und dachte im Hinterkopf schon daran, dass es sich womöglich um einen der Scherzanrufe handeln musste, die vor allem Jugendliche immer wieder in der Nacht machten. Doch das Anliegen des jungen Mannes war ernst.

»Wir haben da ein Problem. Wir spielen gerade Trivial Pursuit. Uns ist leider der Nussschnaps über die Karte gelaufen und wir können die Antwort nicht mehr lesen.«

Kurze Pause.

Christopher blieb sachlich und fragte mit seiner sonoren Stimme nach: »Ja? Was kann ich für Sie tun?« Im Hintergrund war wieder lautes Lachen und Gläserklirren zu hören, als der Anrufer zu seinem eigentlichen Begehr kam. »Na ja, deshalb rufe ich ja an. Wie tief ist ein Grab? Können Sie uns bei der Antwort bitte helfen?«

Trotz später Stunde war Christophers Gewinner-Gen hellwach. Wie aus der Pistole geschossen und als würde er selbst mitspielen sagte er: »Ja klar. Ein Grab hat eine Tiefe von 1,70 Meter.«

Großer Jubel bei der angeheiterten Spielerunde im Hintergrund, die via Handylautsprecher mitgehört hatte und wohl wegen des steigenden Alkoholpegels nicht im Internet nachgeschaut, sondern beim Bestatter angerufen hatte.

»Danke, Sie sind super«, sagte der junge Mann und legte auf. Als Telefonjoker wurde Christopher also doch noch irgendwie zum Teamplayer.

Matchball

Als er die Lasche der Metalldose mit einem lauten Zischen öffnete und darin sein frisches gelbes Glück sah, war der Sonntag trotz früher Uhrzeit für ihn wieder einmal perfekt. Seit zwei Jahren kam Jürgen wöchentlich in den kleinen, familiengeführten Tennisklub im Norden von Wien und brachte jedes Mal seine eigenen, neuen Bälle mit. Der kleingewachsene Mann mit Wohlstandsbauch war voller Ehrgeiz und Motivation.

Noch bevor er die erste Stunde bei seiner äußerst attraktiven Trainerin gebucht hatte, investierte der pensionierte Bankbeamte ein kleines Vermögen in die richtige Ausstattung. Aus den USA hatte er einen ultraleichten Carbonschläger mit 16 Längs- und 19 Quersaiten bestellt, genau so einen, wie ihn die Profis verwendeten. Dazu lagerte er einen Jahresvorrat der besten Bälle ein und legte sich eine eigene Sport-Outfit-Kollektion zu, um die ihn Rafael Nadal oder Dominic Thiem wohl beneidet hätten. Jürgen war ein spätberufener Tennisliebhaber.

Er war bereits 72 gewesen, als er zu spielen begonnen und seine Liebe für den Sport entdeckt hatte. Eine Liebe, die leider nicht erwidert wurde. So sehr sich Trainerin Annika auch bemühte, ihrem Schützling eine Art von Ballgefühl zu vermitteln, es gelang ihr nicht. Jürgen traf so gut wie keinen der Bälle, die die Chefin des Tennisklubs im Schneckentempo förmlich direkt auf seinen Schläger zuwarf. Weder mit der Vor- noch mit der Rückhand. Jürgen war ein klassisches

Antitalent. Aber er war ein treuer und gut zahlender Kunde, und so opferte Annika zwei Jahre lang jeden Sonntagmorgen (er kam immer um Punkt 8.30 Uhr), um ihm vergeblich beizubringen, was bei den meisten Kindern in einem einwöchigen Feriencamp gelang.

Bis er eines Tages überraschenderweise nicht zum Training erschien. Konnte er nicht, denn er lag tot im Trainingsgewand am Boden seines Vorzimmers. Hirnschlag statt Aufschlag.

Beim Begräbnis zwei Wochen später waren Annika, die gesamte Trainermannschaft und zahlreiche Freunde von Jürgen dabei. Um dem Leider-Nein-Tennistalent die letzte Ehre zu erweisen, baten sie die Arrangeure, statt Erde einen Korb mit Tennisbällen bereitzustellen. Jeder Trauergast sollte einen davon in Jürgens Grab legen.

»Sie müssen nur aufpassen, dass die Leute die Bälle nicht werfen«, hatte der Kundenbetreuer bei der Organisation der Trauerfeier gesagt. Bis zu Annikas Sohn hatte sich das leider nicht herumgesprochen. Als der direkt nach seiner Mutter in den weißen Korb gegriffen hatte, pfefferte er den Ball förmlich auf den dunklen Holzsarg, der bereits im ausgehobenen Grab lag. Pong. Unter den ungläubigen Augen der relativ großen Trauergemeinde prallte der gelbe Tennisball am Sargdeckel ab und sprang aus der Grube wieder über die Erde.

»Jetzt hat er es doch noch gelernt«, sagte Annika mit Tränen in den Augen. Matchball. Wenn auch der Letzte.

Die liebe Familie

Der Geruch von warmem Leder erfüllte die gesamte Trauerhalle. Obwohl es an diesem Julitag draußen 32 Grad hatte, war Familie Weissenböck geschlossen in dicken Lederjacken am Ottakringer Friedhof aufgeschlagen beziehungsweise vorgefahren.

Die vier Brüder Stefan, Harry, David und Michi hatten ihre schweren, PS-starken Motorräder direkt vor dem Friedhofseingang geparkt. Als Zeichen der Trauer hatten sie jeweils um die linke Lenkerstange ein schwarzes Band gebunden (die Idee war von Harrys Frau Michelle gewesen). Vollgetankt hatten sie vor dem Begräbnis nicht nur ihre Maschinen, sondern auch sich selbst. Schluck für Schluck versuchten sie so, den Verlust von Hilde zu verdauen. Ihrer Mama, die zuletzt nicht mehr auf zwei, sondern den vier Rädern ihres Rollators unterwegs gewesen war.

Vor dem aufgebahrten Sarg hatten die Brüder ein riesiges Herz aus Rosen aufstellen lassen. »In Liebe Stefan, Harry, David, Michi und Bijou«, stand auf der violetten Schleife.

Bijou oder »Bitschuuu«, wie Familie Weissenböck sagte, war der weiße Chihuahua von Hilde, der auf seinem extra für ihn reservierten Sessel in der ersten Reihe saß (natürlich mit schwarzem Halsband). Stefan, der Älteste der Weissenböck-Brüder, hatte sich neben »Bijou« gesetzt und tätschelte den Hund tröstend.

»Gell, meine Kleine, du kommst jetzt zu uns«, flüsterte er in ihr felliges Ohr. Fast synchron drehten seine drei Brüder ihre Köpfe zu ihm, als es aus Michi herausplatzte: »Was heißt die kommt zu dir?! Die Mama wollte, dass ich die Bitschuuu nehm.«

Nach wenigen Sekunden standen die vier Brüder auf, ballten ihre Fäuste und bekamen sich in ihre langen Haare. Wie wild prügelten sie vor versammelter Trauermannschaft aufeinander ein. Eine rechts. Eine links. Jeder gegen jeden. Dazu jede Menge nicht jugendfreier Schimpfwörter.

Dass sich das große Tor der Trauerhalle plötzlich schloss und von außen verriegelt wurde, bekamen die Streithähne gar nicht mit. Die beiden Bestatter hatten sich nicht anders zu helfen gewusst, als die Weissenböcks einzusperren und Rettung und Polizei zu rufen.

Als die Einsatzkräfte eintrafen, hatten sie allerhand zu tun. Beruhigen. Verarzten. Und wieder beruhigen.

Als die vier anschließend den Trauerzug zu Hildes Grab anführten, sahen sie aus wie Models in einem Prospekt für Verbandsmaterial. Zum großen Erstaunen der beiden Bestatter lagen sich die vier allerdings jetzt in den Armen und weinten gemeinsam um ihre Mama. Keine Spur mehr von Streit oder Schimpferei.

Zwischen ihren Beinen wuselte Bijou umher. Stefan sagte leise zu ihr: »Freust dich schon auf dein neues Betti bei uns ...?« Die zwei Bestattungsmitarbeiter hatten noch nie so schnell einen Sarg hinuntergelassen.

Die liebe Familie

Geisterfahrer unterwegs

Der Totenkopf hatte ein knallrotes Gesicht. Kein Wunder. Joschi, auf dessen Unterarm die schlecht gestochene, dunkelgrüne Tätowierung prangte, saß seit gut sechs Stunden in der prallen Sonne. Der Betreiber einer Geisterbahn im Wiener Prater hatte seinen freien Tag, und den verbrachte er immer im Café »Chaos« oder besser gesagt davor. Der Mitte-Fünfzigjährige trank in dem kleinen Schanigarten sein Bier (ab dem dritten hörte er auf zu zählen), schmachtete seinen großen Schwarm Dagmar an (die als Kellnerin jedes Bier zählte) und beobachtete das Treiben auf der stark befahrenen Straße am Stadtrand von Wien. Es war eine steile Straße, auf der der bekennende Auto-Fan hörte, wer sein Fahrzeug beherrschte und wer nicht. Immer wieder machte er sich lautstark darüber lustig, wenn Motoren laut aufheulten, weil die Lenker (seiner Meinung nach waren es meist Lenkerinnen) den falschen Gang einlegten.

Joschi war gerade dabei, Dagmar zum wiederholten Mal auf eine Fahrt in seine Geisterbahn einzuladen (was sie stets ablehnte und ihre Ängstlichkeit vorschob), als es hinter ihm einen lauten Kracher machte. Bumm.

»Ist der Otto schon wieder betrunken umgefallen?«, rief der Mittfünfziger scherzhaft und drehte sich zur Straße, wobei ihm sein Witz fast im Hals steckenblieb. Denn was er sah, war gruseliger als alles, was er je in seine Geisterbahn eingebaut hatte. Dort stand eine dunkle Limousine mit offenem Kofferraum. Und davor lag ein Holzsarg, oder das, was noch davon übrig war, und rutschte ein Stückchen die Straße hinunter. Wie bei einem morbiden Seifenkistenrennen.

Kurz überlegte Joschi, ob er sich das alles nur einbildete. Zu viel Bier. Zu viel Geisterbahn. Doch die Szenerie, die sich vor dem Café Chaos abspielte, war echt. Mit Schweißperlen auf der Stirn (und Flecken unter den Achseln) versuchte der sichtlich betroffene und genauso nervöse Lenker des Leichenwagens, die Situation zu retten. Binnen Sekunden stülpte er einen grauen Metallsarg über seinen verlorenen Fahrgast und rief Verstärkung. Joschi bestellte sich gleich noch ein Bier, um den Schreck zu verdauen, und bot dem geschockten Bestatter auch gleich ein Glas an. Der lehnte ab und berichtete, dass sich die Kofferraumverriegelung gelöst haben musste. Wie von Geisterhand.

»Na ja. War ja auch eine Art Geisterfahrt«, versuchte Joschi den kreidebleichen Mann aufzumuntern, der sich zumindest ein kurzes Lächeln entlocken ließ. »Und das Gute ist: Er ist unverletzt geblieben, weil er war ja schon tot!«, setzte Joschi nach und deutete mit seinem Zeigefinger auf den von der Sonne mittlerweile dunkelrot verfärbten Totenkopf.

Applaus, Applaus

Er konnte jede Zeile des Andreas-Gabalier-Hits auswendig. Dabei war Michael alles andere als ein Fan dieser Musik. »Mike«, wie sein Umfeld ihn schon als kleiner Bub genannt hatte, war Heavy-Metal-Fanatiker. Iron Maiden. Black Sabbath. Metallica. Das war die musikalische Welt des jungen Mannes, der sein langes, braunes Haar bei der Arbeit zu einem Pferdeschwanz zusammengebunden trug.

Doch als Arrangeur am Wiener Zentralfriedhof musste er die ihm vertraute und ziemlich laute Komfortzone immer wieder verlassen. Der Hit des selbsternannten »Volksrock'n'Rollers« mit dem Titel »Amoi seg' ma uns wieder« war derzeit eine der beliebtesten Nummern, die Mike als DJ im Trauersaal auflegen musste. Dicht gefolgt von Andrea Bocelli und Sarah Brightman mit »Time to say goodbye« und Leonard Cohens »Hallelujah«. Selbiges stieß Mike jedes Mal im Stillen aus, wenn eine dieser Schnulzen aus der Trauer-Hitparade wieder vorbei war. Amen.

An diesem sonnigen Frühlingstag wünschten sich die Hinterbliebenen einen für Mike neuen Titel. »Abschied nehmen« von Xavier Naidoo war jenes Lied, das sich die Witwe für ihren verstorbenen Mann ausgesucht hatte. »Wissen Sie, er war ein großer Fan. Und das Lied passt einfach«, sagte die resolut wirkende Frau, als sie Mike vor der Trauerfeier die CD überreichte. Während die ersten Gäste eintrudelten, googelte er mit seinem Smartphone den Text des Songs. »Und ich wollte noch Abschied nehmen. Das werd' ich mir nie vergeben. Mann, wie konntest du von uns gehen. Jetzt soll ich dich nie mehr sehen.« Auch ohne die Melodie zu hören war Mike klar, dass dieses Lied es ebenfalls nicht auf seine persönliche Playlist schaffen würde.

Die Trauerfeier für den leidenschaftlichen Gärtner, der sich die Wurzeln bald von unten würde ansehen können, verlief emotional. Die Witwe, die Tochter und ein alter Schulfreund fanden rührende Worte zum Abschied. Nach jeder Rede ging ein kurzes Schnäuz-Konzert unter den Gästen los. Der Taschentuchverbrauch war enorm.

Nach der letzten Ansprache drückte Mike den roten Knopf und der Vorhang in der Aufbahrungshalle schloss sich. Gleichzeitig startete er den CD-Player, in dem Xavier Naidoo schon auf seinen Auftritt wartete. Es sollte der emotionale Höhepunkt werden.

Doch plötzlich brach tosender Applaus los. »Zugabe, Zugabe!«, schrie eine riesige Menschenmenge immer und immer wieder.

Verdutzte Blicke im Saal. Es war das Publikum, das auf dem Konzertmitschnitt aus Nürnberg zu hören war. Die Gärtnerwitwe hatte Mike das Live-Album mitgebracht und so für viele verwunderte Gesichter gesorgt.

Live is Live. Auch am Ende des Lebens. In diesem Moment wünschte sich Mike ausnahmsweise Andreas Gabalier zurück.

Gravur ohne Amour

Ohne ihren fassungslosen Blick von dem Formular abzuwenden, tastete Anna auf ihrem unaufgeräumten Schreibtisch nach ihrer schmalen Brille. Als die Lesehilfe (mit zwei Dioptrien) auf ihrer großen Hakennase saß, war ihr klar, dass auf dem Gesuch tatsächlich geschrieben stand, was sie in vierzig Jahren als Steinmetzmeisterin noch nie gesehen hatte.

Vor ihr saß eine gutaussehende Frau. Schulterlanges, braunes Haar, die perfekte Figur in einen olivgrünen Hosenanzug gehüllt, die sündteure Handtasche auf ihrem Schoß. Normalerweise sind Annas Kunden in einer betrübten Stimmung, wenn sie zu ihr kamen, um Material, Farbe und Inschrift für einen Grabstein auszusuchen. Nicht selten musste die Handwerkerin, die den Betrieb in dritter Generation führte, tröstende Worte spenden oder Taschentücher reichen. Das war diesmal nicht nötig. Die mondäne Witwe wirkte aufgeräumt, sachlich und etwas gereizt. Im Laufe des Beratungsgesprächs klärte sich auch, warum.

Die ernst dreinschauende Kundin war Geschäftsfrau. Gemeinsam mit ihrem deutlich jüngeren Ehemann hatte sie einen internationalen Großhandel für Sexspielzeug aufgezogen. Sie belieferten die halbe Welt mit ihren patentierten Dildos, die während des Liebesspiels die Farbe veränderten. Holger war für die Akquise von Neukunden zuständig gewesen und deshalb oft verreist. Bei einem dieser Aufenthalte in Mexiko dürfte er es mit der Produktvorführung etwas zu ge-

Gravur ohne Amour
Anna
Richard
Schule
Ludwig
Otto
Cäsar
Heinrich
17.04

nau genommen haben, sie hatte nämlich im Bett der attraktiven Sexshop-Betreiberin stattgefunden, wo er zwar einen Auftrag gewann, aber sein Leben verlor.

Herzinfarkt.

Seine Frau zu Hause in Wien hatte durch den Anruf eines spanisch sprechenden Spitalsmitarbeiters vom Tod ihres Gatten erfahren. Wenig später auch von dessen Affäre. Voller Enttäuschung und rasend vor Wut hatte sie die aufwendige und kostspielige Überführung der sterblichen Überreste von Holger organisieren müssen. Nach drei Wochen war er schließlich in Wien gelandet und kurz darauf begraben worden.

Nun wollte Nina sich für seine Untreue rächen. Es sollte ein sichtbares Mahnmal für alle betrügenden Ehemänner dieser Stadt werden. Jeder und jede sollte wissen, was er ihr angetan hatte.

»Sind Sie sicher, dass Sie unter seinem Sterbe- und Geburtsjahr dieses Wort stehen haben wollen?«, fragte Anna vorsichtig nach, als sie zu hundert Prozent sicher war, dass sie sich nicht verlesen hatte (wobei sie wusste, dass sie den Auftrag so nicht ausführen würde).

»Natürlich. Ich kann es Ihnen gern auch noch einmal buchstabieren, wenn Sie möchten«, antwortete Nina mit einem Brustton der Überzeugung. Sie setzte fort: »Anna, Richard, Schule, Ludwig, Otto, Cäsar, Heinrich. ARSCHLOCH.«

Army of Love

Sein schwarzes, langärmeliges Hemd klebte unter der heißen Julisonne bereits am Weg von der Straßenbahn in das moderne Glasgebäude an seinem Oberkörper. Doch Paul wollte trotz der Hitze passend für seinen Praktikumsjob angezogen sein. Der 22-jährige Rotschopf mit unzähligen Sommersprossen im Gesicht studierte Journalismus und Medienmanagement an der Fachhochschule. Während seine Kolleginnen und Kollegen im Sommer in großen Radio- und Fernsehstationen arbeiteten oder für Zeitungen schrieben, entschied er sich für ein Volontariat in einer Kommunikationsabteilung. Bei der Wiener Bestattung. Sein Onkel, der seit vielen Jahren dort als Kundenbetreuer (für die Lebenden) arbeitete, hatte ihm von der Stelle erzählt und ihn weiterempfohlen.

Kurz nachdem ihn sein Chef, der nur ein paar Jahre älter war als er, begrüßt hatte, bekam Paul auch schon einen Spezialauftrag.

»Schau mal. Wir haben vor wenigen Tagen diese Mail hier aus Russland bekommen. Sie ist halb auf Russisch, halb auf Englisch verfasst«, sagte der Bestattungsmitarbeiter und übergab seinem Praktikanten zwei Zettel. Einmal die Original-Mail, einmal die deutsche Übersetzung.

Paul las die rührenden Zeilen aufmerksam durch. Ein gewisser Igor hatte im Namen seines Großvaters geschrieben. Dessen Bruder sei im Zweiten Weltkrieg bei der Befreiung Wiens gefallen. Der letzte Wunsch seines gebrechlichen

Opas, der nicht mehr reisen konnte, sei es, einmal die letzte Ruhestätte seines geliebten Sergej zu sehen.

»Das Problem ist: Wir haben über 2.000 Gräber in der Gedenkstätte für die Gefallenen der Roten Armee. Alle sind in Kyrillisch graviert. Das wird wie die berühmte Suche nach der Nadel im Heuhaufen, aber du hast ja zwei Monate Zeit«, grinste der Leiter der Bestattungspressestelle und schickte Paul daraufhin über die Straße auf den Wiener Zentralfriedhof.

Direkt hinter der imposanten Luegerkirche, wie sie im Volksmund genannt wurde, lag die großangelegte Grabanlage, die für Paul nun zu seinem ruhigen, aber sehr heißen Arbeitsplatz wurde. Tag für Tag (ab Tag zwei trug er ein T-Shirt) suchte er die unzähligen, weißen Granittafeln ab, die zwischen hüfthohen, rechteckig geschnittenen Buchssträuchern aufgestellt waren. Als Vorlage diente ihm der kyrillisch geschriebene Name des Gesuchten auf der ausgedruckten Mail, deren Papier sich wegen Pauls schwitzender Hände längst zu wellen begonnen hatte.

Ausgerechnet bei Grab Nummer 1.999 wurde er fündig. An Tag 17 seines Praktikums. Paul konnte es zunächst gar nicht glauben. Doch die für ihn völlig unleserlichen Zeichen auf dem Grabstein waren ident mit denen auf dem Schriftstück aus Russland. Er zückte sein Smartphone und begann, Sergejs letzte Ruhestätte von allen Seiten zu fotografieren.

Sein Chef war sichtlich stolz auf den Journalismusstudenten, als er ihm die Beweisbilder vorlegte. »Diese Recherche ist dir wirklich gelungen. Die Bilder werden wir gleich nach

Russland schicken«, sagte er und setzte sich vor seinen Computer. Gemeinsam mit Paul (der wesentlich besser Englisch konnte als sein Vorgesetzter) formulierte er eine Mail und erklärte, dass sie das gesuchte Grab finden konnten. Die Fotos aus Pauls Handy hängten die beiden als Anhang dazu. Fertig.

Zwei Wochen lang kam keine Reaktion. Paul und sein Chef dachten schon, sie seien einem dummen Scherz aufgesessen. Doch dann poppte eine Mail im Postfach des Bestattungsmitarbeiters auf. Betreff: »Thank you so much!«

Sie war von Igor. In gebrochenem Englisch schrieb er sinngemäß übersetzt: »Vielen Dank für Ihre große Mühe und die Zusendung der Fotos. Mein Großvater hat sich sehr gefreut. Einen Tag nachdem er sie gesehen hat, ist er eingeschlafen. Er konnte in Frieden gehen.«

Beide bekamen Gänsehaut. Und das lag nicht an der Klimaanlage, die in diesem heißen Juli auf Hochtouren lief.

Einsamer Altmeister

Die Fleischfaser des fettigen Schweinsbratens (sein Leibgericht) hing deutlich sichtbar zwischen seinen dritten Zähnen und verschwand auch beim dritten kräftigen Schluck Champagner nicht.

Doch niemand in dem schicken Innenstadtlokal traute sich, Leander darauf aufmerksam zu machen. Er war mit seiner platten Nase und seinem fliehenden Kinn zwar keine besonders strahlende Erscheinung, trotzdem versammelten sich die schönsten Frauen der Stadt regelmäßig um ihn wie die Motten ums Licht. Sie alle buhlten um die Aufmerksamkeit von Leander Prinz und hofften, dass er sie einmal groß rausbringen würde.

Der 96-Jährige war seit Jahrzehnten der ungekrönte König der heimischen Filmindustrie. Ein Regie-Altmeister, der sich vor allem dem seichten, aber erfolgreichen Unterhaltungsgenre verschrieben hatte. Seine ersten Filme hatte er gedreht, da waren noch nicht einmal die Eltern der Jungschauspielerinnen, die ihn nun wöchentlich bei Society-Events umgarnten, auf der Welt gewesen. Tony Curtis, Paul Hörbiger, Hans Moser, Peter Weck, Waltraut Haas. Die Liste der namhaften Schauspielerinnen und Schauspieler, die Leander zu Stars gemacht hatte, war lang. Viele davon waren in der Zwischenzeit vom Filmhimmel in den echten umgezogen, als der gebürtige Wiener mit fast hundert Jahren starb. Im Altersheim. Kein filmreifer Tod. Keine schillernde Kulisse.

Die Trauerfeier an einem heißen Augusttag am Zentralfriedhof sollte sein letzter großer Auftritt werden. Vier Fußballspieler seines Lieblingsvereins übernahmen die Totenwache und stellten sich rund um den aufgebahrten Sarg auf. Als einer davon wegen der Hitze kollabierte und umfiel, waren die zahlreichen Fernsehkameras gerade auf die deutlich jüngere Witwe der nun nicht mehr lebenden Regielegende gerichtet.

Ganz in Schwarz gehüllt und mit leichter Alkoholfahne schilderte sie den Reportern unter Tränen, was für ein toller Mensch und vor allem Ehemann Leander gewesen sei. Auch viele andere B-, C- und H-Promis wurden zu dem Verstorbenen befragt und fanden rührende und mitfühlende Worte für den »Regisseur des Jahrhunderts«.

Wie in Wien oft üblich fand die Seelenmesse von Leander erst eine Woche später statt. Im engsten Familienkreis, wie es offiziell immer heißt. Für zehn Uhr war die Zeremonie in der kleinen Kirche ums Eck von Leanders Altersheim angesetzt. Der Pfarrer staunte nicht schlecht, als auch am Ende der Messe kein einziger Platz im Gotteshaus besetzt war. Nicht einmal seine offenbar gar nicht mehr so traurige Witwe war gekommen. Plötzlich war Leander ein einsamer Statist im Abspann seines Lebens.

Vom Winde verweht

Unter Kollegen nannten sie ihn auch den »Todesglockner«. Er war zwar nicht ganz so hoch wie der höchste Berg Österreichs, doch der Hügel auf dem Friedhof am Rand der Stadt hatte es dennoch in sich. Vor allem Herbert fürchtete sich stets vor einem Auftrag, der ihn zu einem der Gräber am Ende des Steilhanges führen würde.

Wann immer neue Begräbnisse eintrudelten, die in der Gegend geplant waren, versuchte Herbert, seinen Dienst zu tauschen. Oft schob er seine betagte Mutter vor, bei der der 51-Jährige noch immer wohnte. Klappte meistens. Aber nicht immer.

An diesem heißen Sommertag, es hatte gefühlt vierzig Grad, war Herbert der Auserwählte. Das Gepäck für seinen Gipfelsieg war zwar nicht allzu schwer, doch die Urne aus gebürstetem Stahl (in der sich ein ehemaliger Schuldirektor befand) war für den leicht übergewichtigen Hobbyfischer Ballast genug.

Doch Herbert hatte Glück im Unglück. Die Beisetzung war erst für den frühen Nachmittag geplant, die Mittagspause schien seine Rettung zu sein. Eine Stärkung musste her, für die schweißtreibende Tour, die ihm in Kürze bevorstand.

Thunfischsalat oder eine andere sommerliche Speise waren nicht nach seinem Geschmack, es musste etwas Deftiges sein. Ein Kraftspender. Gut, dass Herberts Mama (die gar nicht so betagt war, wie er immer vorgab) eine großzügige Portion Chili con Carne vorgekocht und ihrem Sohnemann in einem Tupperbehälter mitgegeben hatte. In der Mikrowelle des karg eingerichteten Pausenraums des Friedhofs aufgewärmt, war die doppelte Portion schon nach wenigen Minuten dort, wo sie hingehörte: in Herberts Magen. Wie bei Popeye nach einer Dose Spinat fühlte er sich plötzlich stark und fit und dem gewachsen, was ihm gleich bevorstand. Er warf sich in seine dunkelgraue Uniform und machte sich auf den Weg zur Trauerhalle.

Am Ende der Zeremonie war sein großer Auftritt. Er schritt zur aufgebahrten Urne, nahm sie vorsichtig wie ein rohes Ei in seine kräftigen Hände und ging langsam und gemächlich in Richtung »Todesglockner«. Dicht gefolgt von der Witwe des Verstorbenen, deren beiden Töchtern und dem restlichen Trauerzug. Während er es hinter sich schluchzen hörte, vernahm Herbert in sich drin ein lautes Grummeln. Die Bohnen machten sich schneller bemerkbar als gedacht. Mit aller Kraft versuchte er das zu verhindern, was unausweichlich war. Zu spät. Die Anstrengung gepaart mit Hitze und seinem deftigen Mittagessen machten es unmöglich: Es musste hinaus.

Herbert furzte so laut, dass es selbst die Totenglocke übertönte. Die Erleichterung hielt allerdings nur kurz, denn schon am nächsten Tag hatte er eine Beschwerde seines Chefs in der Hand.

Bitte recht freundlich!

Gabriele hatte eine besondere Gabe. Egal, wo sie war, sie schaffte es, jedem Foto zu entgehen. Ob auf einem Familienfest, der Firmenfeier oder auch im Urlaub mit ihrem Göttergatten Johann. Früher hatte sie es am lauten Klicken des Auslösers erkannt, doch mit der Zeit entwickelte sie so etwas wie einen sechsten Sinn fürs Nicht-Fotografiert-Werden. Wann immer jemand eine Kamera zückte, duckte sie sich weg. Wie ein scheues Rehkitz. Ein blonder Bambi.

Von Geburt an hatte die gelernte Optikermeisterin eine Hasenscharte, wie es in ihrer Kindheit noch genannt wurde. Lippen-Kiefer-Gaumenspalte heißt diese Fehlbildung heute politisch korrekt. Ein Schönheitsmakel, unter dem Gabriele zeitlebens sehr gelitten hatte und den sie der Natur nie verzeihen konnte.

Auch in ihrem Geschäft hatte die etwas fülligere, aber durchaus attraktive Wienerin (wie Hansi fand) alle Spiegel abnehmen lassen. Ihre Kundinnen und Kunden mussten bei der Auswahl eines Brillengestells in einen kleinen Handspiegel schauen, denn Gabi wollte sich und ihre Hasenscharte nicht sehen. Nie. Weder im Spiegel noch auf einem Foto. Aus den Augen, aus dem Sinn, war ihre Taktik, die bis zuletzt funktionieren sollte.

Obwohl sie selbst immer schlechter sah, weigerte sie sich, eine Sehhilfe anzuschaffen. Sie hatte kein Brillengesicht, fand sie. Außerdem würde sie dann bei den wenigen Malen, an denen sie sich etwa unabsichtlich in Auslagenscheiben sah, ihre Hasenscharte noch deutlicher erkennen. Die Hundeleine, über die sie schließlich auf dem Weg in die Arbeit stolperte, war für sie deshalb fast unsichtbar.

Gestolpert. Genick gebrochen. Gestorben.

Hansi weinte ganze Bäche um sein Hasi, wie er Gabriele ironischerweise immer genannt hatte. Beim Bestatter suchte er schließlich den schmalzigsten aller Sprüche für die Parte seiner verstorbenen Frau aus. Daneben zwei betende Hände und eine untergehende Sonne.

»Wollen Sie noch ein Foto Ihrer Frau draufhaben?«, fragte der erfahrene Bestatter.

»Ja, möchte ich unbedingt. Nur das Problem ist, es gibt keines von ihr.« Nach einem fragenden bis ungläubigen Blick setzte Hansi nach: »Die Gabi hat sich nie fotografieren lassen. Ihr ganzes Leben lang nicht. Ich habe kein einziges Foto. Aber es muss ein Bild von ihr auf die Parte. Was sollen sonst die Leute denken, wenn da keines drauf ist? Die glauben dann, ich hätte mich nicht bemüht.«

Insgeheim wusste Hansi bereits, wie er das Problem lösen wollte. Als er sich ein letztes Mal von Gabi verabschiedete, nahm er seine extra gekaufte Digitalkamera, strich ihre blonde Mähne zurecht und schoss ein Porträtfoto seiner großen Liebe. Zwar plagte ihn zunächst schlechtes Gewissen, doch es war verschwunden, als er das friedliche Gesicht auf dem kleinen Bildschirm begutachtete. Die noble Blässe störte ihn nicht, als er die fertige Aufnahme beim Bestatter vorbeibrachte.

»Schauen Sie, ich habe doch noch ein Foto gefunden.«

Der Bestatter wurde beim Anblick beinahe so bleich wie Gabi auf ihrem Partenfoto. Er hatte viele Verstorbene gesehen und wusste sofort, wie diese Aufnahme entstanden war. Doch er ließ sich nichts anmerken und sagte nur: »Ein schönes Foto haben Sie da. Sie schaut sehr entspannt aus …«

Mit Brief und Siegel

Seine Birkenstock-Schlapfen waren an den verblassten Lederriemen schon stark eingerissen. Es war ihnen nicht zu verübeln. Denn Reinhold hatte diese Schuhe bereits vor vierzig Jahren gekauft, lang bevor sie »in« waren.

Der 88-jährige blasse Mann mit dem weißen Haar war durch und durch ein Öko. Geheizt wurde nur mit Holz, auf Urlaub gefahren mit dem Zug, angezogen ausschließlich Dinge aus dem Second-Hand-Shop und gegessen, nur was im Umkreis von dreißig Kilometern wuchs oder geschlachtet wurde (was in einer Großstadt nicht viel war).

Seine Ehefrau Edeltraut teilte diese Leidenschaft zwar nicht, musste sie aber akzeptieren. Zumindest ihm gegenüber. Heimlich ging sie nach der Arbeit immer wieder in einen Fast-Food-Laden in der Nähe ihres Büros und schlug sich dort den Magen voll. Burger statt Bulgur.

Zu Hause war Reinhold der grüne Herr im Haus, bis ihm eines Abends schwarz vor Augen wurde. Er hatte sich an einem Stück Bio-Apfel verschluckt und bekam plötzlich keine Luft mehr. Natürlicher kann ein Tod nicht sein.

In einem Kuvert aus dunkelbraunem Recyclingpapier hatte Reinhold seine Wünsche für danach aufbewahrt. Immer wieder wies er zu Lebzeiten seine »Traudl« darauf hin, dass diese unbedingt umzusetzen seien.

Beim Bestattungsunternehmen blätterte sie wenige Tage später den Katalog mit den Särgen durch. Die meisten waren aus Holz. Biologisch abbaubar. Perfekt für die letzte

Ruhestätte von Öko-Reinhold. Als sie das passende Modell namens »Dachstein« (ihr verstorbener Gatte liebte das Wandern) ausgesucht hatte, kramte Edeltraud einen zerknitterten Zettel aus ihrer Handtasche (natürlich kein Leder) und las laut vor: »Besonders wichtig ist, dass der Sarg ein AMA-Gütesiegel hat«.

Fragende Blicke bei der Bestattungsberaterin. Stille.

»Mein Mann hat seine letzten Wünsche für seine Beerdigung aufgeschrieben und einer davon ist, dass sein Sarg dieses Gütesiegel haben soll«, versuchte die Witwe zu erklären.

»Soweit ich weiß, gibt es dieses Siegel nur für Lebensmittel. Also Obst, Fisch, Fleisch und so weiter. Bei Särgen gibt es das leider nicht«, versuchte die erfahrene Mitarbeiterin in ruhigem Ton zu erklären und hoffte, die Diskussion damit zu beenden. Zur Sicherheit holte sie noch den Katalog mit den umweltbewussten Alternativen hervor. Von Waldbestattung bis Öko-Urne gab es mittlerweile allerhand Angebote für den naturbewussten Toten. Doch Traudl wurde unrund. Zu oft hatte ihr Reini (der zum Schluss schon etwas verwirrt gewesen war) ihr eingebläut, seine letzte Liste penibel abzuarbeiten. »Wenn Sie kein AMA-Gütesiegel hier haben, dann werd ich meinen Mann wo anders bestatten lassen. So eine Frechheit«, sagte sie in einem für sie untypisch lauten Ton, stand auf und wollte das kleine Beratungszimmer verlassen.

Die Mitarbeiterin bemerkte, dass aus dem Geschäft wohl nichts mehr wurde, und sagte mit Blick auf Reinis Geburtsdatum ganz trocken: »Das Siegel gibt's übrigens nur für Frischfleisch.«

ECO
Mit
Brief und
Siegel

Zum Umfallen

Manuel hatte klatschnasse Hände. Sein Glück war, dass seit Corona Händeschütteln nicht mehr en vogue war. Auch nicht in seinem Bestattungsunternehmen. Das ältere Ehepaar, das ihm gegenübersaß, hätte wohl sonst nach der Begrüßung ein Handtuch gebraucht.

Tag und Nacht hatte der einstige Autoverkäufer in den letzten Wochen gebüffelt und auswendig gelernt (er war nie besonders gut in der Schule gewesen, deshalb fiel ihm das recht schwer). Alle Sarggrößen, Materialien für innen und außen, Urnenfarben und -formen und natürlich die aktuelle Preisliste mussten sitzen. Der Tod ist definitiv nicht umsonst, das wusste er jetzt.

Sein für sein junges Alter spärliches Haar hatte er sich mit Gel zurechtfrisiert und sich in seinen extra neu gekauften, etwas zu großen, schwarzen Anzug geworfen. Er wollte keinen schlechten Eindruck machen an seinem ersten Tag als Bestattungsberater. Schließlich hatte ihm sein Onkel (ebenfalls Bestatter) die Tür zum Geschäft mit der Ewigkeit geöffnet.

Herr und Frau Brunner waren seine ersten Kunden. Beide wirkten noch recht lebendig, trotzdem erkundigten sie sich nach einem Grab auf zwanzig Jahre. Auch eine Form der Wertanlage.

Wie ein Gedicht zum Muttertag zählte Manuel den Brunners die gesamte Angebotspalette auf. Wie früher bei seinen Mittelklassewagen im Autohaus hob er Vorteile hervor, präsentierte Farbkarten, erklärte die Unterschiede zwischen Erd- und Feuerbestattung und versicherte dem pensionierten Beamtenpaar, dass ihnen ein perfektes Angebot gemacht werden würde.

Als Manuel mit seiner Sarg-Show fertig war, perlte ein Schweißtropfen über seine Stirn. Er atmete tief durch und war innerlich stolz auf seine Präsentation. Sie würden zuschlagen, da war er sicher.

Nach kurzer Beratung (»mir gefällt der helle Sarg besser, Liebling«) entschieden sich die Brunners für das komplette Paket. Trauerfeier mit Live-Musik, zwei Särge Modell »Moonlight« in Lärche Natur, dazu ein Erdgrab auf Lebenszeit.

»Das macht dann insgesamt 10.000 Euro. Ein Spezialpreis für Sie.«

In dem Moment, in dem Manuel stolz seine Kalkulation inklusive Frühbucherbonus verkündete, bemerkte er, dass Herr Brunner plötzlich an ihm vorbeistarrte und Sekunden später vom Sessel kippte.

Kreislaufkollaps.

Der hatte ihn zwar nicht ins Jenseits, aber immerhin ins Spital befördert. Ob der Preis daran schuld gewesen war, weiß Manuel bis heute nicht. Die Brunners waren jedenfalls nie wieder gekommen.

»Wenn das öfter vorkommt, dann muss ich mir einen neuen Job suchen«, sagte Manuel kurz darauf zu seinem Chef und wischte sich die schweißigen Hände am Stoff seiner schwarzen Hose trocken.

Cooler Sommer!

Klimawandel. Hitzewelle. Rekordtemperaturen.

All das konnte Wolfgang-Hermann in diesem Sommer egal sein. Denn völlig überraschend war für den Burgtheaterschauspieler an einem heißen Julitag der letzte Vorhang gefallen. Leider nicht nur sprichwörtlich. Denn statt auf Bühnenbrettern zu stehen, lag der weißhaarige Mann mit der ungewöhnlich großen Nase nun in den Brettern seines Sarges. In der Kühlkammer. Dort wartete er auf seinen allerletzten Auftritt.

Weil Wolfgang-Hermann, oder »Wohe«, wie ihn seine Freunde genannt hatten, Ehrenmitglied des ehrwürdigen Theaters gewesen war, stand ihm eine Zeremonie an der Burg zu. Der Sarg sollte dabei auf der Feststiege aufgebahrt und danach einmal um das ganze Haus getragen werden. Ein Trauerzug als Wandertag.

Wolfgang-Hermann galt unter seinen Kollegen als ungeduldig und aufbrausend. Bei jeder Probe konnte es ihm nicht schnell genug gehen. Denn im Gegensatz zu vielen anderen Ensemblemitgliedern konnte er sich seine Texte binnen Sekunden einprägen. Es ärgerte ihn maßlos, dass nicht alle dieses Talent besaßen.

Wäre er nicht schon gestorben, hätte seine Ungeduld ihn umgebracht. Denn weil in Österreich nicht nur Schulen, sondern auch Theater zwei Monate Sommerferien hatten, musste Wolfgang-Hermann auf seine letzte Vorstellung warten. Lang. Sehr lang. Um genau zu sein 53 Tage und zwölf

Stunden. Denn der Termin für die Trauerfeier im Theater war erst für Anfang September angesetzt worden.

Cool bleiben fiel ihm in diesem Zustand zum Glück leichter als noch zu Lebzeiten. Keine Kunst bei den Umgebungstemperaturen. Damit Wolfgang-Hermann auch äußerlich frisch blieb (er legte stets viel Wert auf sein Aussehen), wurde sein Körper einbalsamiert. Eine Art posthume Beauty-Behandlung, völlig schmerzfrei. Ein Eingriff, der nicht nur optische Gründe hatte. Die Gesundheitsbehörde hätte es nicht erlaubt, Wohe so lang über der Erde zu lassen. Ein Mindesthaltbarkeitsdatum gibt es eben nicht nur bei Joghurt.

Sein Sommer »on the rocks« war schließlich auch Gesprächsthema bei der großen Abschiedszeremonie, zu der viele Schauspielerinnen und Schauspieler gekommen waren. Ein langjähriger Kollege aus Deutschland, der extra nach Wien gereist war, sagte in seiner Trauerrede in schönstem Burgtheater-Deutsch: »Ich habe den ganzen Sommer immer an Wolfgang-Hermann gedacht und mir vorgestellt, wie er in seinem Eisblock liegt und auf diesen Tag wartet.«

Lautes Lachen. Das Eis unter den Gästen war gebrochen. Nur einer blieb unterkühlt …

Philosophisches Oktett

Wenn er wie immer barfuß durch seine weitläufige Altbauwohnung im zweiten Stock stapfte, raschelte es wie bei einem Waldspaziergang mitten im Herbst. Egal, welchen Weg er zwischen Arbeitszimmer und Toilette nahm (das war seine Hauptstrecke), für Leopold war es so gut wie unmöglich, nicht auf eine der vielen Plastik- und Papiertaschen zu steigen, die er im Lauf der Jahrzehnte angesammelt hatte. Ähnlich wie beim legendären Wiener Opernführer Marcel Prawy lagerte das Lebenswerk des 88-jährigen Philosophen gut eingetütet über den gesamten Parkettboden verteilt. Für andere mochte es aussehen wie das pure Chaos, aber Leopold wusste genau, was er wo abgelegt hatte. Denn auf jedem Sackerl klebte ein farbiges Post-it, auf dem mit zittriger Handschrift dessen Inhalt geschrieben war.

»Warum leben wir Menschen?«, »Was ist die Wahrheit?«, »Wann ist der Mensch gut?«, »Leben wir in einer Simulation?« Solche und hunderte anderer philosophischer Fragen hatte sich der alte Mann mit dem dünnen, weißen Haarkranz im Laufe seines Lebens gestellt und die für ihn passenden Antworten darauf gefunden.

Stundenlang konnte er auf seinem grünen Samtfauteuil sitzen (es war der einzige Ort in der Wohnung, der frei von Sackerln war), in die Luft starren, nachdenken und das Ergebnis dieses geräuschlosen Prozesses anschließend mit der Füllfeder zu Papier bringen.

Verheiratet war Poldi nie gewesen.

Jede Frau, die sich von seiner komplizierten und langatmigen Ausdrucksweise nicht abschrecken ließ, war spätestens beim ersten Besuch in seiner Wohnung wieder Geschichte gewesen. Dabei hatte er doch so viel zu erzählen.

Weil auch der Philosoph wusste, dass sein Dasein auf Erden früher oder später vorbei sein würde, sorgte er vor. Bepackt mit dem Sackerl eines Diskont-Supermarktes machte er sich auf zu einer Druckerei, die auf Parten spezialisiert war.

Als er der resoluten Beraterin gegenüber Platz nahm, kramte er insgesamt 15 Seiten hervor, die er extra für diesen Besuch geschrieben hatte, und überreichte sie der Frau auf der anderen Seite des Schreibtisches. Sie drückte mit dem Zeigefinger ihre Brille fester auf die Nase und begann zu lesen. Sie tat sich zwar auch schwer, Leopolds unleserliche Schrift zu entziffern, doch es war vor allem das Vokabular, das den Text für die Druckereiangestellte völlig unverständlich machte. Deliberation. Aggregation. Epikureismus. Neuplatonismus. Cogito. Sie hatte das Gefühl, als hätte sie einen fremdsprachlichen Text vor sich. »Was darf ich denn für Sie tun?«, fragte sie freundlich und schaute ihren Kunden interessiert an.

»Dieser Text ist das Konzentrat meines Lebenswerks. Ich möchte, dass Sie daraus eine Parte machen. Sie soll acht Seiten haben und im A4-Format gedruckt werden. Ich möchte sie noch zu Lebzeiten verschicken.«

Nach einer kurzen Pause, in der die Frau den ungewöhnlichen Wunsch hatte sacken lassen, beschloss sie, dem Mann, der in ihr Mitleid auslöste, zu helfen. Normalerweise hätte sie den Kunden gebeten, den Text auf einem USB-Stick zu bringen oder zu mailen, doch das schien ihr in diesem Fall eine unlösbare Aufgabe für den älteren Herrn zu sein. Die Mitarbeiterin klopfte also jedes einzelne Wort (vieles musste Leopold diktieren) in ihr Computerprogramm, bis der Text nach über fünf Stunden vollständig war.

Eine Woche später war die Partenbroschüre fertig gedruckt. Ein kleines Heftchen aus Hochglanzpapier, das aussah wie einer dieser Ratgeber, die im Wartezimmer beim Arzt aufliegen. Mit schwarzem Rahmen und einem Foto des noch zu Versterbenden vorn drauf.

Es war für Leopold ein Ersatz für das Buch, das er aus zu viel Zerstreutheit nie geschrieben hatte und den er jetzt vor allem den Mitgliedern seines wöchentlichen Philosophiezirkels hinterlassen wollte. Beim Abholen strahlte der sonst eher lethargisch wirkende Wissenschaftler übers ganze Gesicht. Er bedankte sich für die Mühe und hatte noch eine letzte Frage: »Haben Sie ein Sackerl dafür?«

Überraschungsbesuch

Er hatte schon einen leichten Krampf in den Unterarmen, weil er seit über zwei Stunden aus dem schmalen Küchenfenster in den Hof seiner großen Wohnhausanlage starrte. Dieter hatte in der Nacht kein Auge zugemacht und stand innerlich aufgekratzt, aber körperlich völlig erschöpft, auf dem kalten Fliesenboden und schaute ins graue Nichts an diesem Morgen.

Am Vorabend hatte der Bibliothekar zum ersten Mal in seinem Leben einen Magic-Mushroom-Tee getrunken. Ein Freund aus seiner Trommelgruppe hatte diesen aus Amsterdam mitgebracht und Dieter nach dem Kurs zu sich nach Hause eingeladen, um ihn gemeinsam zu probieren. Keiner von ihnen ahnte, welche Wirkung die psychoaktiven Pilze in heißem Wasser haben würden.

Nach zwanzig Minuten war der bullige Dieter müde geworden, und kurz darauf hatte ein regelrechtes Emotionsfeuerwerk in seinem Kopf begonnen. Er hatte springende Einhörner gesehen, aus deren Mäulern Bier floss. Unterhielt sich mit seiner toten Urgroßmutter und wälzte sich vor lauter Übermut wie ein Hund am Boden.

Mehrere Stunden war das so gegangen, bis die beiden Freunde langsam von ihrem Trip heruntergekommen und in die wirkliche Welt zurückgekehrt waren. Und in dieser stand der 54-jährige Liebhaber mittelalterlicher Musik nun, als er im Innenhof seltsame Bewegungen wahrnahm. Zwei dunkelgrau gekleidete, leicht untersetzte Männer schoben etwas durch die Gegend. Es war kein Einkaufswagen, dafür war es viel zu groß. Als Dieter versuchte, seine noch immer geweiteten Pupillen zu fokussieren, erkannte er es. Es war ein Sarg, den die beiden auf den Eingang zu seiner Stiege zumanövrierten.

»Die holen wohl den alten Maier ab«, dachte Didi in seinem vernebelten Hirn. Sein direkter Nachbar war vor zwei Wochen gestorben, seitdem spitzte er auf dessen Wohnung, um sich räumlich zu vergrößern. Diesen Gedanken konnten auch die Pilze nicht auslöschen.

»Doch Moment mal. Ist der Alte jetzt 14 Tage lang tot neben mir gelegen?«, fragte er sich leise und spürte, wie leichte Übelkeit in ihm aufstieg. Genau in diesem Moment klingelte es an seiner Tür. Er brauchte einige Sekunden, um zu registrieren, dass es tatsächlich bei ihm geläutet hatte, bis er seinen müden Körper in Bewegung setzte. Als er seine Wohnungstür öffnete, staunte Dieter nicht schlecht. Er wollte es schon auf den Mushroom-Tee schieben, doch einer der beiden Herren vor ihm begann plötzlich, andächtig zu sprechen. »Unser herzliches Beileid. Wir kommen, um ihn zu holen«, sagte der schnauzbärtige Leichentransporteur. Dieter hob langsam seine Hand und deutete auf die Tür gegenüber. »Ich glaube, Sie haben sich geirrt. Sie wollen zu meinem Nachbarn, der ist gestorben«, sagte er und krächzte dabei, weil er seit Stunden nichts mehr getrunken hatte. Etwas hektisch kramte der andere Bestattungsmitarbeiter einen verknitterten Zettel aus seiner Hosentasche. »Wir sind hier, um Herrn Dieter Schwarz zu holen. Hat der bei Ihnen gelebt?«

Überraschungsbesuch
45

Dieter riss seine ohnehin schon weit geöffneten Augen noch weiter auf. »Das bin ich!«, posaunte er heraus, sodass es bestimmt die halbe Nachbarschaft hören konnte. Die Verlegenheit war den beiden Herren in Grau anzusehen. Sie schauten abwechselnd einander und den ausgefüllten Abholschein fragend an, bis einer auf die Idee kam, in der Zentrale anzurufen.

Wie sich später herausstellte, hatte sich jemand (möglicherweise der andere Nachbar, der die Wohnung des wirklich Verstorbenen wollte) einen Telefonstreich erlaubt und die Mitarbeiter der Bestattung derart gut getäuscht, dass sie den Fall für echt hielten. Bevor die zwei Mitarbeiter mit leerem Sarg abzogen, entschuldigten sie sich noch vielmals bei Dieter und wünschten ihm ein gesundes, langes Leben.

Obwohl Dieter wusste, dass er sich diesen Besuch nicht eingebildet hatte, trank er nie wieder auch nur einen Schluck Mushroom-Tee.

Das Erbe der Strudelkönigin

Lukas war kein Mehlspeistiger. Nicht mehr. Er hatte sich daran sattgegessen. Seit er denken konnte, wehte der Geruch von warmem Apfelstrudel durch die riesige Vorstadtvilla in einem Wiener Nobelbezirk, in der er und seine beiden Brüder aufgewachsen waren. Schon der Gedanke daran verursachte bei dem gutaussehenden Berufssohn, der ausschließlich Maßhemden trug, Übelkeit.

Lukas war ein Meryn-Kerndorff. Spross einer Wiener Apfelstrudel-Dynastie. Ob arabische Scheiche, das schwedische Königshaus oder amerikanische Popstars – die Wiener Süßspeise erreichte viele prominente Kunden in der ganzen Welt. Gebacken wurde der gezogene Strudel, den es nur mit Rosinen gab, nach einem alten Familienrezept. Erfunden von Ludmilla Meryn-Kerndorff, Lukas' Großmutter, weithin bekannt als die Strudelkönigin von Wien.

Die Rezeptur war streng geheim. Aufbewahrt wurde sie in einem Safe, der nur mit einem Fingerabdruck geöffnet werden konnte. Und zwar nur mit dem von Konstantin Meryn-Kerndorff. Geschäftsführer des kalorienreichen Imperiums und Lukas' Onkel.

Die beiden hatten kein gutes Verhältnis. Für Konstantin war der 38-Jährige ein fauler Nichtsnutz, der sich in der millionenschweren Apfelstrudelwelt ein süßes Leben eingerichtet hatte. Lukas nannte es *dolce far niente*. Doch nichts tat er leider nicht. Denn Lukas war passionierter Spieler und trug das Geld, das er von seinen Eltern (die ihre Zeit hauptsächlich mit Urlaub verbrachten) hatte, regelmäßig ins Casino. Der Dauersingle hatte weder Glück im Spiel noch in der Liebe, fast jede Woche ging er mit leeren Taschen wieder nach Hause und versuchte, den Frust mit Whisky hinunterzuspülen.

An einem dieser Abende fasste Lukas einen Entschluss. Er wollte nicht länger Bittsteller seiner wohlhabenden Vorfahren sein, sondern sich das holen, was ihm seiner Meinung nach zustand. Er wollte die wertvolle Familienrezeptur zu Geld machen und hatte dafür einen Plan. Keinen sehr durchdachten, wie sich später herausstellte.

Im Internet hatte er gelesen, dass bei der Bestattung sogenannte Thanatopraktiker arbeiteten, die Totenmasken, aber auch Hand-, Fuß- und Fingerabdrücke herstellten. Er wählte die Nummer und sagte mit verstellter Stimme: »Guten Tag. Ich bräuchte einen Fingerabdruck meines Onkels. Er ist bettlägerig und kommt nicht mehr selbst zum Tresor. Das würde ihm helfen.«

Kurze Pause. Die Stimme am anderen Ende sagte trocken: »Es tut uns leid, wir arbeiten nur mit Toten.« Wieder Stille.

Lukas zeterte noch »Sie können ihn ja für mich über den Jordan schicken« und legte auf. Er war sauer. Aber die Idee und der Anruf blieben sein süßes Geheimnis.

Schlechten Appetit!

Das Knurren seines Magens übertönte fast das Klirren von Besteck und Gläsern. Vor lauter Hunger konnte Robert kaum noch ruhig an der langen Tafel in dem urigen Gasthaus sitzen, die mit kleinen, bunten Sonnenschirmchen dekoriert war. Um diese Uhrzeit hatte der übergewichtige Softwareentwickler üblicherweise bereits die vierte Mahlzeit des Tages intus. Doch das Begräbnis seiner Mutter, zu der er nicht das allerbeste Verhältnis gehabt hatte, verleitete ihn unfreiwillig zum Intervallfasten (auch wenn das Intervall in seinem Fall recht kurz war).

Es war ein sehr wortkarger Leichenschmaus. Denn seit dem plötzlichen Tod der resoluten Besitzerin eines privaten Schwimmbades ging auch der Familienfrieden baden. Robert und sein Bruder Florian sprachen kein Wort mehr miteinander. Sie hatten unterschiedliche Pläne mit dem Erbe. Der eine wollte den uralten Familienbetrieb am Stadtrand weiterführen, der andere sah dadurch Millionen Euro davonschwimmen, die das weitläufige Grundstück wert war, und wollte deshalb verkaufen.

Robert hatte schon als Kind einen ausgeprägten Geschäftssinn entwickelt. Im Schulhof verkaufte er sogar die Pausenbrote, die ihm seine Mutter mitgab, und häufte sich damit ein für sein damaliges Alter kleines Vermögen an.

Florian hingegen war der Nostalgiker in der Familie. Mit Liebe hatte er die alten Holzpritschen auf der Liegewiese des Bades gestrichen, stand oft hinter der Schank, um überteuerte Liptauerbrote zu verkaufen, und sprang hin und wieder sogar als Bademeister ein.

Weil Florian (der viel hübscher war als sein älterer Bruder) sich nicht leisten konnte, seinen Miterben auszuzahlen, stimmte er schweren Herzens dem Verkauf zu. Badeschluss. Für immer.

Auch um das Begräbnis hatten sich Florian und seine Lebensgefährtin allein gekümmert. Denn mit ihm hatte seine Mutter Maria immer wieder darüber gesprochen, wie sie sich ihren Abschied vorstellte. Sie wollte verbrannt werden. Die Asche sollte danach im eigenen Garten vergraben werden.

»Am Friedhof kenn ich ja keinen«, war stets ihre Meinung gewesen, wenn es um dieses Thema ging. Sie hatte sich auch gewünscht, dass das Bad in Familienbesitz bleibt. Weil sie aber wusste, dass Robert auf seinen Pflichtteil bestehen würde, wusste sie auch, dass es bei einem Wunsch bleiben müsste.

Den Leichenschmaus hatte Florian in ihrem Sinne organisiert und ließ Szegediner Gulasch mit Salzkartoffeln servieren. Mamas Lieblingsgericht. Als die Kellner nach und nach die großen Porzellanteller mit dem dampfenden Gericht in die Gaststube brachten, konnte es Robert kaum erwarten. Der Duft des warmen Fleisches ließ ihm ganze Wasserfälle im Mund zusammenlaufen. Doch so sehr er auch versuchte, den Blick des Servierpersonals zu fangen, er wurde ignoriert.

Als Florian laut »Mahlzeit« sagte, begannen alle am Tisch, sich das herzhafte Gericht schmecken zu lassen. Nur Robert saß nach wie vor ohne Teller da. Weil er mit Florian nicht sprach, versuchte er sein Glück bei einem Kellner und fragte nach, wo denn sein Krautfleisch bleibe. Was er darauf zu hören bekam, brachte das Knurren in seinem Magen aus lauter Empörung augenblicklich zum Stoppen. »Sie wurden zwar zum Leichenschmaus eingeladen, aber es war der ausdrückliche Wunsch, dass Sie nichts zu essen bekommen.«

Florian lächelte milde. Er hatte den letzten Willen seiner Mutter erfüllt. Rache ist eben nicht immer süß, sondern manchmal auch salzig.

Nesthocker

Die Ruhe genoss Ivan bei seiner neuen Arbeit am meisten. Zu viele Jahre hatte ihn das ständige Geräusch des Presslufthammers bis in den Schlaf verfolgt. Selbst eine wöchentliche Familienpackung Kopfwehpulver befreite den bulligen Mann nicht von seinem dröhnenden Schädel. Bis er es nicht mehr aushielt. Vor wenigen Monaten hatte der 35-jährige Halbkroate mit raspelkurzem Haar seine Stelle als Bauarbeiter gekündigt und setzte seine Muskelkraft (er ging vier Mal pro Woche ins Fitnessstudio) nun hier am Wiener Zentralfriedhof ein. Als Totengräber. Seine frisch angetraute Frau Melanie war nicht sonderlich begeistert von dem Wechsel, doch die christlichen Arbeitszeiten und das todsichere Gehalt überzeugten schließlich auch sie.

Neben dem Ausschaufeln der Gräber, bei denen Ivan stets stolz seinen wachsenden Bizeps beäugte und sich, wenn jemand vorbeiging, extra die Ärmel hochkrempelte, musste er kurz vor den Beerdigungen auch die Grabstellen kontrollieren. Nichts wäre peinlicher, als wenn der Versenkungsapparat, mit dem der oder die Tote zur Ruhe gebettet werden sollte, nicht richtig aufgestellt wurde.

Auch an diesem drückend heißen Augusttag machte er kurz vor der Beerdigung einer renommierten Verhaltensforscherin seinen Kontrollgang. Um sich zu vergewissern, dass die massive Metallkonstruktion richtig sitzt, hockte er sich an den Rand des Grabes, um mit seinen tellergroßen Händen daran zu rütteln. Als er sich wieder aufrichtete, bemerkte er,

Nesthocker

dass etwas unter seinem linken Fuß nachgab. Es war plötzlich seltsam weich unter seiner Sohle. Als er seinen Blick nach unten richtete, sah er, wo er da gerade hineingestiegen war: in ein Wespennest. Binnen Sekunden schwirrte ein ganzer Schwarm in Gelb-Schwarz um ihn herum und begann, ihn zu attackieren. Die Wespen, die ihr bislang gemütliches Zuhause verteidigen wollten, attackierten den stämmigen Mann und stachen ihn überall am Körper. Ivan blieb nichts anderes übrig, als die Flucht zu ergreifen. Doch die lästigen Insekten waren schneller. Umhüllt von einem schwarzen, flirrenden Mantel sprang Ivan zwischen den Gräbern umher und versuchte, seine Verfolgerinnen abzuhängen. Vergeblich.

Erst als Ivan sich einem der zahlreichen Wasserbottiche, die am Zentralfriedhof aufgestellt waren, näherte, war Rettung in Sicht. Er stieß einen betagten Herrn, der dort gerade seine hellgrüne Gießkanne auffüllen wollte, zur Seite, sprang mit einem Satz in den vollen Wasserbehälter und tauchte ab. Er traute sich zunächst gar nicht, den Kopf wieder über Wasser zu halten, doch als er nach zehn Sekunden nach Luft schnappte, bemerke er, dass das stechende Killerkommando abgezogen war. Am Abend googelte er zu Hause »Ohrenschutz für Presslufthammer«.

FÜR IMMER JUNG

Als sie die blassgelben Lilienthal-Porzellantassen mit den rosa Lippenstiftabdrücken in den Geschirrspüler räumte, überkam sie ein Gefühl von Wehmut. Noch bis vor einer Weile hatten Patricia und ihre Freundinnen zu sechst auf der wildverwachsenen Terrasse ihrer schmucken Villa gesessen, um ihr wöchentliches, illustres Kaffeekränzchen abzuhalten. Doch Margarita, Cornelia und Heike waren in den vergangenen drei Jahren gestorben. Eine an einem Hirntumor. Die nächste bei einem Unfall. Und die Dritte an gebrochenem Herzen. Nun führten Patricia und die zwei anderen Frauen die Tradition als nicht mehr ganz so flotten Dreier fort, plauderten über den Klatsch des Tages und richteten ihre verstorbenen Männer aus.

Dass die Zeit nicht stehenblieb, merkte das ehemalige Fotomodell auch bei ihrem täglichen Blick in den Spiegel. Ihre einst straffen Konturen begannen, immer mehr der Schwerkraft zum Opfer zu fallen. Hängebäckchen, Marionettenfalten, die vom Mundwinkel nach unten zogen, und der verschwimmende Übergang zwischen Gesicht und Halspartie machten ihr zu schaffen. Beim letzten Kaffee beschlossen Patricia und ihre Leidensgenossinnen deshalb, der Natur etwas entgegenzusetzen.

Fadenlifting hieß das Zauberwort. Bei einer der Promi-Schönheitschirurginnen der Stadt ließen sich die drei Frauen um die achtzig dünne Fäden ins Gesicht einziehen. Fächerförmig von der Schläfe in Richtung Mundwinkel.

Dank Lokalanästhesie und zwei Gläsern Prosecco davor völlig schmerzfrei.

»Voilà«, sagte die Ärztin, die ihr Können offenbar auch an sich selbst ausprobiert hatte, »Sie sehen um zehn Jahre jünger aus.« Und tatsächlich. Patricia und die beiden anderen konnten es gar nicht fassen, als sie noch in der sterilen Ordination, in der zahlreiche weiße Orchideen aufgestellt waren, in den kleinen Handspiegel schauten.

Da die drei frisch aufgefädelten Frauen wussten, dass das Ergebnis nur 18 Monate halten würde, sollte die neu gewonnene Jugend festgehalten werden. Die Fotos, die sie bei einem befreundeten Fotografen (der schon Weltstars wie Sophia Loren ablichtete) hatten machen lassen, gefielen Patricia so gut, dass ihr eine Idee in den Sinn kam. Das Bild, auf dem sie gekonnt in die Kamera lächelte, sollten die Nachwelt und ihre Nachkommen in Erinnerung behalten. Auf keinen Fall wollte sie, dass wie bei Margarita oder Cornelia fürchterliche Porträtaufnahmen von Familienfeiern ihren Grabstein zierten. Es sollte genau dieses glatte, perfekt geschminkte und belichtete Gesicht sein.

Der Steinmetz, bei dem sie Grabstein und Foto in Auftrag gab (auch ihr Geburtsjahr wurde bereits eingraviert), war wenig überrascht von dem Wunsch. Es komme immer wieder vor, dass Kunden für die Zeit danach vorsorgen wollen, versicherte er Patricia beim Bestelltermin.

Was allerdings nicht so häufig vorkam, war, dass das Foto auf einem Grabstein 22 Jahre lang warten musste. Denn Patricia überlebte alle ihre Freundinnen und wurde 102, bis sie ihre bis dahin wieder faltigen Augen für immer schloss. In den letzten 15 Jahren ihres langen Lebens hatte sie sogar noch die große Liebe gefunden: Walter, einen pensionierten Bankdirektor, der sie auf Händen trug und mit der Zeit völlig vergessen ließ, dass in der Steinmetzwerkstatt bereits ihr Grabstein samt Foto für sie bereitstand. Bei der Beerdigung spielte ihr mittlerweile 75-jähriger Sohn passenderweise Bob Dylans »Forever young«. Im Hintergrund sagten einige Friedhofsbesucher: »Für eine 102-Jährige hat die wirklich gut ausgeschaut.«

Liebe auf den letzten Blick

Sybille hatte es satt. Mit viel Wut und noch mehr Enttäuschung im Bauch löschte sie die Dating-App endgültig von ihrem Smartphone, für das sie vor kurzem eine glitzernde Hello-Kitty-Hülle gekauft hatte. Zehn Männer hatte die 32-Jährige in den vergangenen Wochen online kennengelernt, doch kein einziger hatte ihr Interesse geweckt. Außerdem war die 1,80 Meter große Blondine (sie färbte, denn sie hasste ihr braunes Haar) derzeit ohnehin nicht in Datinglaune. Die Sekretärin einer großen Pharmafirma (die vor allem Potenzmittel vertrieb) war in Trauer. Ihr Chef war vor kurzem völlig unerwartet beim Golfen umgekippt und nicht mehr aufgestanden. Herzinfarkt statt Handicap.

Heute an diesem heißen Augusttag war am Jedleseer Friedhof die Trauerfeier geplant. Sybille war in ihr kurzes Schwarzes (das sie auch bei ihren Rendezvous anhatte) geschlüpft, hatte sich ihre langen Fingernägel schwarz lackiert und die extralangen Wimpern aufgeklebt. Als sie in den Bus stieg, der sie und alle anderen Kollegen von der Firmenzentrale zum Friedhof brachte, zog sie alle Blicke und viele hämische Kommentare (was hat die schon wieder an?!) auf sich. Doch es war ihr egal. Auch wenn ihr Chef sie nicht mehr sehen konnte, sie wollte auch bei seinem Abschied eine Augenweide sein. So hatte er sie immer genannt.

Vor der Trauerhalle bildete sich schnell eine lange Schlange. Jeder und jede wollte dem allseits beliebten »Potenz-Pepi«, wie er in der Branche genannt wurde, ein paar liebe Zeilen ins Kondolenzbuch schreiben. Als Sybille endlich an der Reihe war, reichte ihr der Bestatter den Kugelschreiber und schaute dabei tief in ihre großen, blauen Augen. Von einer Sekunde auf die andere hatte Sybille massive Konzentrationsschwierigkeiten und wusste nicht mehr, was sie schreiben wollte.

»Ich vermisse Sie«, war alles, was sie aufs Papier brachte, bevor sie dem großgewachsenen, dunkelhaarigen Mann den Stift zurückgab. Während der gesamten Trauerfeier (sie dauerte sehr lang) tauschten Sybille und der Bestattungsmitarbeiter mit dem langen Ziegenbärtchen ständig Blicke aus, wobei es beiden schwerfiel, eine ernste Miene zu bewahren. Die Sekretärin merkte, wie plötzlich eine ganze Schmetterlingsfarm in ihrem Bauch zu flattern begann, und fasste einen Entschluss. Aus ihrer schwarzen Lederhandtasche kramte sie einen kleinen Zettel, kritzelte ihre Telefonnummer darauf und zerknüllte die Notiz in ihrer Hand. Als Pepi dann in seiner Grube lag und jeder Trauergast mit einer kleinen Schaufel ein wenig Erde auf den Sarg warf, sah sie ihre Chance. Wie in Wien üblich, gab sie dem Bestatter, der betroffen wirkend neben der Grube stand, ein paar Münzen als Trinkgeld und ihre Telefonnummer.

Ein Jahr später läuteten bei Markus und Sybille statt der Toten- die Hochzeitsglocken. Und statt einer Beerdigung begleitete er die Geburt ihres gemeinsamen Sohnes. Es war tatsächlich Liebe auf den letzten Blick gewesen.

Ganz zum Schluss ...

Jetzt ist wirklich Schluss mit lustig. Zumindest fast. Denn an dieser Stelle möchte ich mich noch bei all jenen bedanken, ohne die es dieses Buch nicht geben würde. An allererster Stelle bei Peter Holeczek und der Bestattung Wien. Vielen Dank für deine vielen, skurrilen Schilderungen und die zahlreichen fachlichen Informationen rund um das Thema Bestattung, die du mit mir geteilt hast. Egal, welche Frage ich stellte, du hattest stets die richtige Antwort parat. Ein großer Dank gilt auch den zahlreichen Kolleginnen und Kollegen der Bestattung Wien und der Wiener Friedhöfe, die ihre Erlebnisse mit mir geteilt haben. Von den zahlreichen privaten Wiener Bestattungsunternehmen, die ich für mein Projekt gewinnen konnte, möchte ich zwei besonders hervorheben: Die Bestattungen Himmelblau und Benu. Ohne eure Geschichten wäre dieses Buch nur halb so lustig geworden. Bei meiner Mutter Sylvie und bei Marion und Barbara bedanke ich mich fürs Erstlesen und das konstruktive Feedback. Meinem Verleger Bernhard Salomon danke ich dafür, dass er in mir die Lust und Liebe zum Schreiben entfacht hat.

Mit freundlicher Unterstützung von

BESTATTUNG WIEN